苹果激励

万小胜 著

企业管理出版社
ENTERPRISE MANAGEMENT PUBLISHING HOUSE

图书在版编目（CIP）数据

苹果激励 / 万小胜 著 . —北京：企业管理出版社，2018.10
ISBN 978-7-5164-1805-5

Ⅰ.①苹… Ⅱ.①万… Ⅲ.①企业管理－人事管理－激励
Ⅳ.①F272.923

中国版本图书馆CIP数据核字(2018)第235521号

书　　名：	苹果激励
作　　者：	万小胜
责任编辑：	于湘怡
书　　号：	ISBN 978-7-5164-1805-5
出版发行：	企业管理出版社
地　　址：	北京市海淀区紫竹院南路 17 号　　邮编：100048
网　　址：	http://www.emph.cn
电　　话：	发行部 (010) 68701816　编辑部 (010) 68701661
电子信箱：	1502219688@qq.com
印　　刷：	三河市荣展印务有限公司
经　　销：	新华书店
规　　格：	889 毫米 × 1194 毫米　　32 开本　9.375 印张　175 千字
版　　次：	2018 年 12 月第 1 版　2018 年 12 月第 1 次印刷
定　　价：	48.00 元

版权所有　翻印必究 · 印装有误　负责调换

序　言

这是一本给你带来活力和方法的书！

如果你能够坚持阅读应用，本书将激励你实现梦想，收获快乐！

翻开本书，你的目标将实现一半。

看到这段文字，你肯定质疑："真有奇迹发生？"

在"一切皆有可能"的现代社会，好奇心是一切成功的起点。此刻，你若是觉得好奇，说明你已经站上新的成功起点。

年轻的牛顿坐在苹果树下看书，一只苹果从树上掉下，牛顿的思考从苹果开始……从此万有引力定律、苹果与牛顿三者合为一体。

如果说，苹果和激励之间有什么联系？我想它应该是——吸引我们持续做一件事情的动力。如果牛顿的头脑中从来没有想过与引力有关的问题，那么掉下来的苹果永远只是一只自然掉落的苹果。正是因为牛顿头脑中一直在思考相关的问题，这只恰巧掉下来的苹果就有了非凡的意义。牛顿和苹果的故事中蕴含着激发我们持续做一件事情的寓意。

　　走在持续成长道路上的你，将怎样偶遇自己的那只苹果呢？

　　如果你是怀揣梦想的年轻人，拥有成为社会精英的愿望，翻开此书，你会发现，所有成功的原始动力都是对梦想的执着，它激励着你锲而不舍地追逐。这本书会告诉你，持之以恒、激情四射背后的激励原理，这本书中有学习模仿的方法、步骤，让你轻松学会并运用好激励技巧。

　　当你经过努力奋斗，升职为一位中层管理者，带着提升团队绩效的思考，翻开本书，你会发现，无论是自我激励还是团队激励，都是脚踏实地一步一步化想法为现实，简单重复是最有效的成长激励方法。在阅读中你能总结出自己的成功激励方法，完善团队激励的步骤，让你的团队绩效优异，每一名成员都充满创新动力。

　　当你践行永不放弃的誓言，成为一位高层管理者，正朝着理想的制高点进军，翻开本书，你能清晰地认识到，人性之美在于超越自我。你会感悟到，人的成长是不断自我教化和激励的过程，若年轻时看到想到意识到并行动了，或许自己的人生是另一番天地。你更加坚信，文明的动力正是自我革新之力，我们可以从创新中找出人所共有的激励之源。

现在是给本书中的激励加个定义的时候了。

朴素的表述，激励指激发人的行为的心理过程，它是一种自我驱动的力量。激励的表现形式可以是语言、文字、情感、气氛。激励物可以是一切能使人保持内心兴奋、愉悦，能给人带来干劲的事物。激励能开启我们创造的灵感，让我们处在兴奋状态中，激励能让我们思如泉涌，心潮澎湃，产生马上就去做什么的冲劲。激励是百变精灵，它能变身为一只苹果、一件物品、一个故事、一件小事、一个人、一种体验、一种情怀、一种追求，或者也许只是一句简单的"你真棒！"激励是人们为生存而不断竞争的结果，是让自己理想之花绽放的初始动力。

书中描述的激励技巧真有这么神奇吗？我不好回答，但肯定的是，采取行动后，每个人都能找到属于自己的苹果故事。

听嘹亮的集结号吹响，请紧跟上来，与我同行，共读激励，收获当下。

前　言

地球上的生物在数十亿年的自然进化中，遵循着物竞天择、优胜劣汰、弱肉强食的丛林竞争法则。今天的我们很幸运，能够在地球第五次生物(恐龙)大灭绝后成为万物之灵，建立人类文明，但是在文明的外衣下，我们仍然遵守着古老的竞争规则。

回顾人类近代发展史，气势恢宏的战争场面，巧夺天工的艺术，日新月异的科技，这些都有竞争的推力作用。但在这中间似乎还有另一种推动人类自我进化的神秘力量，是一股叫作激励的力量，也许这种力量在人类数百万年的进化中，已经慢慢融入我们的基因。

生命中有了激励基因，人、事、物变得多姿多彩，美好生活正在演绎中。

开启激励实践之旅的方法很简单——今天就试着做一天理想中的我……，你只需要试着做一天，就能收获一份自信，一份属于自己的成功！它会让你尝到甜头，带着你做到第二天理想中的自己，重复与练习，如此循环，你就会发现自己每天都在持续进步一点点。

你只需要花一至两周的时间,与我一起走完激励之旅,就能实现每天持续进步一点点。

本次激励之旅的设计思路是——一起来。在这里,我们有一个虚拟团队为你做激励顾问,在这个虚拟团队中,有教授、有创业者、有外企HRD、有国企资深高管、有互联网新秀、有资深培训顾问。当然这里还有重量级大师的智慧结晶:巴甫洛夫、斯金纳、马斯洛、赫茨伯格、班杜拉、弗洛伊德、荣格、皮亚杰、埃里克森……这是一群人在努力,一起实现我们共有的美好梦想。

请跟我来,你将发现,进步成长真的很简单,找到理想中的我与现实中的我之间的差异,让理想中的我成为现实的我就可以。理想的我,并不难找,他只是你头脑中的一个计划、一个打算、一个想法,你只要去执行,就有收获……

请跟我来,你将发现,原来激励知识听起来不枯燥。从理论到实践,自我激励、团队激励、长效激励都需要自己率先做好榜样,走在最前面……

请跟我来,你将发现,书中有许多精辟的对话,实用技巧与工具和步骤。虚拟团队中的邢教授、春来、美英、悦亮、外光,还有做导游跑龙套的"我",都在为你出谋划策,共同助你一臂之力……

本书以简明快捷的语言来叙述故事情节,以"我"

的视角与大家一起解读激励。为了尽可能地捕捉激励中的每一个关键要素，本书在逻辑方面，用"我"的所见所闻所感，将理论篇与实践篇串联讲解。理论篇和实践篇承上启下，又有各自独立的结构，读者可依据个人阅读习惯选择阅读。

理论篇把激励因素分为内在激励因素和外在激励因素，从管理学、神经生理学、心理学、环境和制度五大知识领域，多维度思考分析激励技巧，有助于大家开阔视野，组合创新出实操性强的激励方法。

实践篇以应用案例为主，由自我激励、团队激励、长效激励三部分组成。

我们强调终生激励，过去、现在、将来，激励都得从自己开始，激活自己才能激发他人，才能促进团队互动激励，进而营造出长效激励的氛围，最终达到激励每一个人的目标。

"一起来！"这不仅是礼貌性的邀请语，而是有一个虚拟团队在为你把脉诊断解决问题。

能够完成此书，非常感谢好友崔建、赵锋和黄书环提出的修改建议。书中充满诸多好友、同行、客户的智慧、建议、思路与真知灼见。

丝毫没有夸张，确确实实有一支团队在与你同行，与你共读激励。

目　录

序　言
前　言
激励的开端

上　篇　　**激励的基础** /1
第 一 章　　**速通管理学中的激励** /2
　　　　　　➊ 激励的信号源 /4
　　　　　　➋ 胡萝卜加大棒的专业表述是什么 /9
　　　　　　➌ 解密马斯洛需求层次激励 /13
　　　　　　➍ 一源多流的激励模式 /25
　　　　　　➎ 自我效能 /29
　　　　　　➏ 感受心流体验 /38
第 二 章　　**藏匿在你身体的"激励魔水"** /44
　　　　　　➊ 体内的"激励快递员" /45
　　　　　　➋ 大脑里的"奖赏中心" /47

第 三 章　　**心理学中的激励奥秘** /57

　　　　　　● 心理学中的激励 /58

　　　　　　● 跟着感觉走的激励行为 /73

　　　　　　● 群体正能量 /79

第 四 章　　**奇妙的环境激励** /86

　　　　　　● 环境与人 /86

　　　　　　● 自然的激励 /88

　　　　　　● 艺术与身边环境激励 /90

　　　　　　● 人文环境 /96

　　　　　　● 寻找新环境永不止步 /98

第 五 章　　**制度激发干劲** /100

　　　　　　● 制度的力量 /101

　　　　　　● 资源获得与分配 /105

第 六 章　　**激励小集结** /113

下　　篇　　**激励的实践** /117

第 七 章　　**自我激励** /118

❶ 激励从自己开始 /119

❷ 管理者自我激励的故事 /121

❸ 使命和目标 /131

❹ 身心健康 /140

❺ 下定决心 /155

❻ 奖励自己 /172

第 八 章　　**团队激励** /184

❶ 点燃思考的引擎 /185

❷ 统一思想，融入团队 /193

❸ 带头影响团队 /203

❹ 化解合理化解释 /216

❺ 关注与认可 /226

❻ 团队成就梦想 /234

第 九 章　　**长效激励** /252

❶ 企业基业长青的秘密 /252

❷ 激励之源在制度 /260

出　发　语 /283

激励的开端

激励就像被奖励的糖果,能让我们身心愉悦,让我们更加坚定地完成一件事。

善用激励是帮助自己获取快乐与成功的关键。

激励能够通过学习掌握吗?

在人的一生当中,值得学习的东西非常多,包括语言、运动等。活到老学到老,激励能让我们废寝忘食地工作和学习,并从中感受快乐和充实。

学习激励需要掌握两个关键要素。一是发现内心需求,找到你的人生目标;二是学会调动主观能动性,找到愿意去做的动力,让自己动起来。

接下来,我们将拆解与激励相关的知识点,化繁为简,逐一罗列。在阅读的过程中,你将发现,全书大大小小的激励技巧,像浩瀚星空中闪闪发亮的星星一样吸引着你,指引着你绘制出属于自己的激励星座。

你只需要带着一颗憧憬美好生活的心,就一定能找到梦想的起点——人生目标,然后,激励就能化为各种吸引你去行动的动力。

本书中的"我"是一个代称,它既可以指现实中的我,也可以是参与分享与交流的你和他。现在,我将和你一起分享并探讨有关激励的知识,过程中,你我共同成长、成熟,得到我们都需要的激励方法。请跟着我,一起推开激励之门,探寻其中的奥妙……

上篇　　激励的基础

第一章　速通管理学中的激励

在激励之旅的首站,我们将沿着时间轴,快速梳理主流激励理论。它将让我们了解到,激励在管理学方面主要是鼓励人朝着期望的目标去行动。它让你相信,付出肯定有回报。请跟我来一起开启激励之旅……

***

铃声响起时,记忆带着我穿越到学生时代,时间虽久远,感觉却如新。让我们一起走进教室,放下杂念,静心听一堂激励课,获得各种有用的激励方法……

***

每当窗外响起上课铃声,浮现在眼前的是小时候上学时的场景,那时只要上课铃声响起,再喧闹的操场也会立即安静下来。就像听到铃声后同学们进入上课状态,看书、学习、工作也相同,想要得到最佳效果，就得让自己保持良好的状态。

我快步走进一间可容纳一百人左右的教室，坐在第五排靠窗的座位上，处在中间偏前的位置。随着上课时间临近，教室里陆续坐满来听课的人，这是一堂面向企业管理者的公开课程，来听课的大多是来自企事业单位的管理者、资深顾问、大学讲师、专业技术人员……

年轻的女主持人手持麦克风迈着轻盈的脚步走上讲台，用悦耳的声音向大家介绍开设本次激励课程的缘由，介绍讲课老师是北京某大学教授。在大家的掌声中，一位着装整齐、面容透出自信的中年男性步上讲台。没做自我介绍，他用热情的眼神凝视大家，声音洪亮地说："感谢大家的到来，本次激励课程将以激活人的动力为学习目标。激励的源头在哪儿呢？有人说是我们儿时的梦想，有人说是你愿意去做的事情，也有人说是让自己快乐的事情。今天我告诉你，它既是童年梦想，也是你今天的行动，明天的目标，它是你一切行为的驱动力，它还是你内心中一种快乐的感觉。了解激励，随时随地找到属于你的激励方法，成为一个自我驱动者是本课程的学习目标。"

***

● 激励的信号源

条件反射理论是巴甫洛夫高级神经活动学说的核心内容，条件反射理论的应用已经扩展到心理学、教育和激励领域。吸引我们不断重复行为和思维的重要引擎是条件反射中的信号源，在这里，信号源可理解为吸引我们去做一件事情的理由或动力。激励则是期待好的刺激源，比如糖果是小朋友的最爱，金钱是成年人最想要的东西之一。

激励的最简模式

我们首站来到1904年，参加在瑞典举行的诺贝尔生理和医学奖颁奖仪式。本年度的这个奖项将颁给俄国生理学家、心理学家伊凡·巴甫洛夫，以表彰他在消化生理学领域的出色成绩。巴甫洛夫有一项科学贡献是我们非常熟悉的条件反射理论。

条件反射理论说的是人的思维、行为反射链建立形成的基本原理。作为激励课题的第一个切入点，了解条件反射，就等于掌握了激励的最简模式。经过一百多年对条件反射的持续研究，我们发现，人的学习、习惯、思维方式，都与条件反射有密切关联，比如学生听到上课铃声就往教室跑，听到下课铃声就想着到外面玩。

条件反射在各个领域的应用都非常多。电影中的蒙太奇效应，把两个以上的画面剪辑到一起使观众产生特定的联想，就是利用了条件反射原理，比如看到玫瑰便想到爱情，看到枪联想到战争，玫瑰和枪一起出现则使人联想到爱与恨、情杀、为爱而战等。

条件反射理论有很多具体内容，这里我们只讲与激励相关的刺激和反应两个反射环节。条件反射是在非条件反射的基础上形成的，非条件反射是我们生下来就有的，比如膝跳反射、眨眼反射等。条件反射是神经系统对外界刺激物做出的有规律性的反应。为得到我们想要的结果（反应），我们会去寻找对应的事物（刺激），这就需要一个刺激源。如果用刺激源来解释激励行为的形成，刺激源可理解为奖励物、激励物。

信号源就是激励源

条件反射和非条件反射的区别之一是一个需要刺激源，一个是先天的生理性反射。条件反射原理告诉我们，只要给到一个类似于中性刺激物的信号源，经过定期反复训练，就可以获得一个稳定而同一的行为，这是学习强化的基本规律。激励就是我们要获得特定结果的刺激源。刺激源的种类包罗万象，它因人的需求和偏好千变万化，即使同一个人，在不同时间段对同一种刺激源的反应也是不相同的。幼儿园的小朋友得到老师的一朵小红花，一颗红星星，就会非常高兴，但初中生则对这些奖励不以为然；上司的肯定能让刚参加工作的毕业生备受鼓舞，对老员工则是物质奖励比口头表扬的激励效果要好得多。

> **TIPS**
>
> 非条件反射指人生来就有的先天性反射，是生物在长时间的进化中形成的本能反射，是一种比较低级的神经活动，由大脑皮层以下的神经中枢（如脑干、脊髓）参与即可完成。觅食反射、朝向反射、排尿反射等都是非条件反射。
>
> 把原来不能引起某一反应的刺激与另一个能引起反应的刺激同时给予，从而在条件刺激和条件反应之间建立起的联系叫作条件反射。条件反射是人的后天性反射，是在非条件反射的基础上，经过一定的过程，在大脑皮层参与下完成的，是高级神经活动的基本方式。

根据刺激信号源系统的性质，可分为第一信号系统的反射和第二信号系统的反射。第一信号系统是直接作用于人体各种感觉器官的刺激，包括视觉、听觉、触觉、嗅觉和味觉，是直观的，能直接体验到的感受。物质激励可视为第一信号系统的反射，对人和高等级动物都适用，比如香喷喷的炸鸡腿对人和小狗具有同等的吸引力。物质激励的优点是见效快，能快速引发生理性反射。自我激励或企业激励员工，只要条件允许，物质奖励是多多益善的，其效果又快又好。

第二信号系统以比较抽象的词语为刺激信号，是人类特有的，比如听到"谈梅生津"四字大家口中会分泌口水，就是由人的抽象思维引起的。动物不具备高级思维能力，没有进化出抽象思维，因此第二信号系统对它们没有刺激作用，"对牛弹琴"说的就是这个道理。生活工作中的认同、表扬、沟通、荣誉感、成就感均属于第二信号系统的刺激源。

○─ 行为/思维──激励源──重复行为/思维──固化行为/思维
○─ 第一信号源──各种物质奖励，实体奖励
○─ 第二信号源──各种精神奖励，抽象概念

活用激励信号源

吃过辣椒的人看到红彤彤的辣椒时第一个反应就是辣，仿佛再次尝到了辣味；喜欢吃辣椒酱的人听到"老干妈"嘴里自然就分泌唾液；吃货们一提到小龙虾，马上感到满嘴的麻辣香味。现在大家有没有流口水的感觉？这是典型的第二信号源引起的条件反射。

我们来记住两种刺激源信号系统。

第一信号系统——以具体事物为条件刺激建立的条件反射。

第二信号系统——以词语为条件刺激建立的条件反射，人所特有。

活用激励信号源

我们工作中常用的奖励措施都与条件刺激有关,这里面有第一信号系统也有第二信号系统。在应用方面,第一信号系统具体的实物奖励比第二信号系统的抽象概念奖励见效要快,因为它是建立在视觉、听觉、触觉、嗅觉和味觉器官上的直接体验。比如公司发奖金,发现金比通过银行转账更诱人,这也是为什么每到年终总能看到很多公司发现金、让员工把"豪车"开回家的新闻。

但同时,我们要认识到以抽象性概念为主的第二信号系统的激励效果更持久。抽象概念化的东西能长久储存在脑子里,常想常回忆能唤起行动的意愿。我们在制订企业战略时,常会描绘美好前景,鼓励大家只要努力就能够朝着既定的战略目标发展。这是典型的精神激励方式,因为公司的战略和愿景原本就抽象,用词语表达想象的空间大,可塑性强,可以经常提,经常讲,每次都能起到激励的作用。对抽象性的词语表达,可以产生不同理解,我们读经典名著和看改编影视时就能体会到。电影画面的想象力有限,是导演、编剧设计的影像画面,但用影像画面感染观众要比文字影响直接,见效快;读小说的过程中,对词语的联想空间则远远要比影视剧中的画面大,读者可以天马行空去想象。一千名读者有一千种感受,所以我们在绘制企业蓝图,规划个人理想,激发勉励大家时,运用恰

第一章 速通管理学中的激励

当的词汇、语言、情感能获得非常好的激励效果。我们看名人伟人的精彩演讲,就能感受到第二信号系统的激励价值,比如马丁·路德·金于1963年8月28日在华盛顿林肯纪念堂发表的《我有一个梦想》著名演讲,激发了无数人为信仰而努力奋斗。

***

讲到此处,教授问大家是否有不明白之处,可以直接提问,也可把问题写在小纸条上,交给助教,他统一回答。我看了四周,大家在思考中。教授接着告诉大家,在后面的讲解中还将提到信号源的知识,大家不用着急。在运用条件反射理论时,要记住激励信号源的特征,选择第一信号系统还第二信号系统来激励,是由我们希望的效果来确定的。

***

● 胡萝卜加大棒的专业表述是什么

胡萝卜加大棒是常用的奖励与惩罚并举的管理手段。美国行为主义心理学家斯金纳用关在笼子里的小白鼠做了著名的"斯金纳箱"实验,得出操作性条件反射理论,又称强化理论,是我们工作和生活中最常用的管理和激励方法,在教育小朋友时也常用到。

小白鼠大发现

"斯金纳箱"实验是把一只小老鼠放在箱子中,观察它如何自发地寻找到食物,中间不断强化偶然获取食物的行为,直到偶然行为变成稳定行为。巴甫洛夫用狗做实验得出经典条件反射理论,斯金纳则是用小白鼠做实验得出操作性条件反射理论,他们的实验结果证明,人和动物的行为是可以被训练的,都适用条件反射原理。

斯金纳通过观察箱中的小白鼠,在巴甫洛夫的经典条件反射理论基础上,对小白鼠自发或偶然的行为进行强化,使其某一偶然行为得到稳定固化后形成经常性的行为。斯金纳的操作性条件反射理论的核心是:如果人或者动物做出组织所希望的行为,那么组织就与此相联系提供强化这种行为的因素,如果做出组织所不希望的行为,组织就应该给予惩罚,据此让组织成员学习组织所希望的行为并促使组织成员矫正不符合组织要求的行为。

用激励管教更轻松

强化理论要求,想要得到一个东西就需要做一个特定的行为。它强调行为是在获得前面,即可理解为,先做到才能获得,斯金纳用R(reaction反应)→S(stimulate刺激)公式来表示。经典条件反射理论强调获得刺激物后就有某个行为，反射形式是S(刺激)→R(反应)。经典条件反射有点像给钱就干活，是先得到，后付出，操作性条件反射则有点像干活后才能得到钱，是先付出，后得到。

强化的具体方式有四种：正强化、惩罚、负强化、忽视。要达到强化的预期效果，需要高频率的刺激，即经常性重复激励。如果我们鼓励一种行为，就用正强化回应方式。如果我们想避免或减少一种行为，就用惩罚、负强化或忽视的回应方式。比如培养小孩主动写作业的习惯时，他们按时完成家庭作业，就奖励玩和吃或者偶尔可免除一次惩罚；若没按时完成作业，就减少零食和玩具或者冷处理不和他亲热。奖励玩和吃是正强化，免除一次惩罚是负强化，减少零食和玩具是惩罚，不和他亲热是忽视，四种回应的强化方式，目的都是帮助小孩养成按时完成作业的好习惯。在实际运用中，往往四种强化方式是混合使用的，目的都是强化我们所期望的行为，减少或避免我们不愿意看到的行为。

管理工作中经常提到胡萝卜加大棒的奖惩方法，它源于一个寓言故事，要让驴子向前走，可以在它前面放一个胡萝卜吸引，或者干脆用一根棒子在后面赶。仔细想想，企业中各种绩效考核都是参考这个原则来制订的。达成绩效目标，就发奖金、加工资、给股份；达不成，则没奖金、没晋升机会、写检查、降职、撤职、甚至辞退。

胡萝卜是驴子喜欢吃的食物，大棒则是驴子痛恨的家伙,想要驴子好好干活,就要找到类似的强化方式。同理,无论是激励自己,还是激励他人,关键是找到强化激励物,才能刺激重复相同的行为。管理工作中的激励也如此,找出团队成员所想要的激励物,然后告诉大家,只要达成预定的绩效目标就可以得到。同时,高频率刺激可强化激励效果。将绩效目标分解成阶段性目标,每达成一个阶段性目标,就奖励一次激励物。比如产品开发可分成若干各研发关键节点,每达成一个关键节点,就奖励大家,这样大家就能保持持续的动力逐步达成最终目标。销售目标也一样,有周目标、月目标、季目标,即使当月没有达成销售目标,但客户开发数量、拜访数量、方案提交数量都超过计划的目标,也要奖励,目的就是强化刺激/激励,让销售人员保持动力。

> **TIPS**
>
> 斯金纳用"强化列联"这一术语表示反应与强化之间的关系。强化列联由三个变量组成:刺激辨别——行为或反应——强化刺激。刺激辨别发生在被强化的反应之前,它使某种行为得到建立并在当时得到强化,学到的行为得到强化就是刺激辨别的过程。斯金纳认为,教学成功的关键就是精确地分析强化效果并设计特定的强化列联。

管理期望值

使用诱因机制强化某一行为时,逐渐习惯后,刺激效果就会打折扣。管理中采用的激励,一旦我们习以为常,无论哪种正强化方式,效果都不理想,因为人的期望值总是不断提高。每一个人都期待明年奖金比今年多,但企业的效益多数时候跟不上,这就迫使企业的领导者要找到一个好的激励体制,让大家在奖励没有增多的前提下能保持工作积极性。特别是传统的农业、制造行业、零售服务行业,这些行业的盈利空间有限,奖励空间也有限。

***

我听到此处,顺着教授的思路想确实如此。管理者面对既定的利润空间,究竟该如何调动人的积极性呢?人的期望值肯定是一年高于一年,如何管理好员工的期望值,本身就是激励的主要任务之一。

教授略做停顿,告诉大家跟着他的思路往下走,肯定能找到这个问题的答案。

***

◼ 解密马斯洛需求层次激励

谈到需求层次理论,自然想到马斯洛,他发现人的需求是由低而高依次满足的。了解人,激励人,就必须搞懂人的需求,充分尊重人的各种需求,仔细分析人的不同需求。激励只是马斯洛需求理论应用的冰山一角,冰山下面更多是关于人性的问题。

有需求就有动力

美国著名社会心理学家亚伯拉罕·马斯洛是人本主义的创始人,第三代心理学的开创者。"马斯洛需求层次理论"是组织行为学、MBA、工商管理学中应用最广的激励理论之一。

马斯洛研究发现,人的行为发生变化,除外部环境或外力作用,还与人的内在心理活动有关。马斯洛的人本主义反对把人的行为特征等同于动物,认为人区别于动物最大的特征是人有思想,有自我意识,这是人不断自我革新的最大内驱力。人本主义反对过度夸大人的动物本性,倡导爱、创造性、自我表现、自主性、责任心等心理品质和人格特征的培育。

马斯洛把人的基本需求分为五种:生理需求、安全需求、归属与爱的社交需求、尊重需求和自我实现需求。这五种需求又可分为高、低两级。其中生理需求、安全需求、社交需求属于低级的需求,通过外部条件能得到满足,比如工资可以满足基本的生活需求。尊重和自我实现需求是高级的需求,它是从内部使人得到满足的。从价值驱动的角度讲,高层次的需求比低层次需求更有驱动价值。相比而言，人是在较低的需求被满足后，才产生高一级的需求，而对高级需求永远不会感到满足，直至生命的尽头。低层次的需求较为具体，满足的方式和途径相对单一。高层次的需求较为抽象，满足的方式和途径丰富多样。低层次的需求，如生理需求中的主食，能够选择的只有大米、小麦、玉米、土豆等为数不多的品种，而尊重需求和自我实现需求会随文化和个人价值观的不同有更多种，如美、艺术、爱、品德、品质等各种成就需求。

正解需求层次与激励的关系

低级需求的满足途径要少于高级需求的满足途径。低级的需求主要是来自生存本能的需求，是人和动物共有的需求。在马斯洛的人本主义中，低级需求不作为重点研究，重点放在人的思想意识上面，人有思维能力，动物则没有。在日常运用中，即要考虑到人的动物性本能，又要照顾到人的思想意识层面的需求。

马斯洛需求层次理论又称"基本需求层次理论"，这个理论的提出基于假设——已经满足的需求不再是激励因素。

人们总是在力图满足某种需求，一旦一种需求得到满足，就会有另一种需求取而代之。一般，只有在较低层次的需求得到满足之后，较高层次的需求才有足够的活力驱动行为。

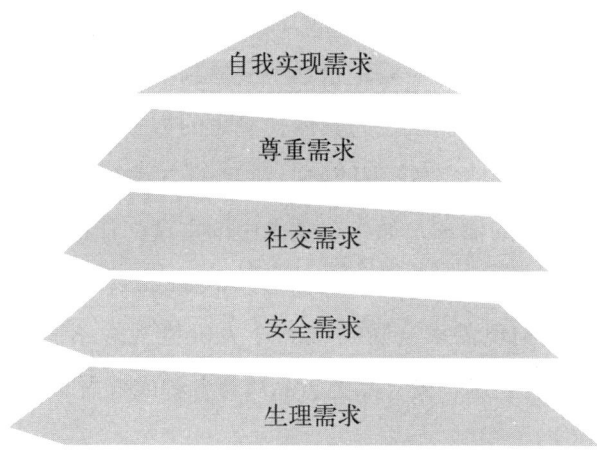

马斯洛需求层次理论

衣、食、住、行、性最基本

***

教授走近讲台，拿起杯子，喝了口水。讲道，如果大家看完后觉得马洛斯的理论好理解但不好用，他可以举几个例子，让需求理论接地气。

我确有此感。马斯洛需求层次理论，上大学时就听老师讲过，说人的需求是从低一级往高一级逐渐产生并依次满足。今天正好听听教授如何紧扣我们的工作和生活理解这个理论。

教授讲道，身处管理岗位、对管理学感兴趣的朋友们都接触过需求层次理论，那么，对一个很熟的话题,就要看大家能够理解到哪一层。

"确实是这样",我在心中认同,要想比别人了解得透,思考就得有深度。

***

先看底层的生理需求,这里面有五类生理需求:衣、食、住、行、性。"衣"解决保暖、遮羞和装饰;"食"解决吃和健康;"住"解决休息和恢复体力;"行"解决出行和交往便利;"性"解决婚姻和繁衍。如果将这五类需求同商业相关联,满足这些需求的途径正是经济支柱性产业。

与"衣"相关的行业有纺织行业、服务制造和设计行业、纺织设备等;与"食"有关的行业有农业、米面店、加工、饭店等;与"住"有关的行业有房地产、酒店、家装、家电等;与"行"有关的行业有汽车、地铁、高铁、航空、高速公路、基础建设等;与"性"有关的行业有影视娱乐、酒吧舞厅、婚恋社交网站等。

员工基础需求的满足思路

越是基础性的需求,越需要重视,而且生理需求有重复性、刚性需求的特点,满足方式以物质为主,冷了要穿衣,饿了要吃饭,困了要休息,累了要乘车,单身要交友。结合激励主题,以往有观点认为,低层次的基础性需求可不作为主要的激励,激励的重点应放在高层次的精神需求层面。有些企业的激励管理中,往往忽视员工基础性生理需求的满足,把重点放在高层次需求的满足上,给员工灌输心态、企业愿景、理念等精神激励内容。员工刚开始觉得公司有前景,加入公司有干劲,但时间一久,就感觉缺少实际的物质激励,精神激励虚多实少,于是他们逐渐更关注何时加薪、晋升等实质性的物质激励。

对基层员工的激励,将重心放在精神层面,其实是激励管理的误区。多数中小企业支付给基层员工的薪资只能保障基本的衣、食、住、行需求。在一项分析基层员工离职原因的调查中,工资低是主要原因。确实,摆在企业管理者面前的任务艰巨,支付较高的工资意味企业的成本提高利润降低,竞争力减弱。低工资则导致基层员工流动率大,管理难度大,管理成本增加,产品品质得不到保障。面对两难的局面,如何找到一套双方都满意的激励方法呢?

在此有两条思路,一条是从员工层面的思路,提升基层员工的工作效率,提高效率能提高人均产值,带来个人收入增长;一条是从企业管理者层面的思路,经营管理者要找准市场需求,研发有竞争力、高利润的产品。当前产品没有市场竞争力,就得提前转型,瞄准有上升空间的行业,能力不足补能力,设备不行购设备,资金不足就小规模做。原来业务维持现状,努力创造新业务增长点。企业拥有足够的利润空间,员工的工资才能保障大家体面的生活。

基本需求以生理性需求为主，它的特点是重复性、刚性、满足弹性大、物质激励。重复性和刚性好理解，每天到点都需要吃饭睡觉；满足弹性大，简单说就是山珍海味是吃，粗茶淡饭也是吃。金钱和物质激励是解决基础性生理需求的最直接并且效果最好的方法，精神激励虽然重要，但在此阶段则排在次要位置。

安全才能安心工作

生理需求的满足方式以物质为主，了解了生理需求，再理解安全需求、社交需求就容易些。

一个女人愿意嫁给一个男人，重要原因之一应该是有安全感。没有一个女人愿意嫁给一个没有安全感的男人，男人也同样，都想娶到一位愿意跟自己同甘共苦的妻子。

企业和员工之间也需要安全感。安全感是双向性的，企业和员工之间，管理者和被管理者之间，需要达成一种默契的安全感。企业培养人才是希望他能创造价值回馈企业，员工加入企业，奉献宝贵青春年华，是希望未来有发展有保障。

在实际管理工作中，企业制订奖惩制度、保障制度、安全生产制度等规章制度时，都需要明确一个目标，就是让双方都有安全感。若员工察觉制度管理是针对他个人，而不是所有人时，就会没有安全感，他的心将离企业越来越远,直至远走高飞。

企业管理者在惩罚、责备员工时,出发点要正向,一定要站在为员工好的角度来批评指正,只有这样,员工才愿意接纳改正。工作之余,管理者要多与员工保持良好的沟通,帮助员工成长,自己先树立遵守规章制度的典范,不要等到出现问题,就拿规章制度来教训员工,这样会使员工产生抵触情绪。

让员工有安全感,除了平等互利地制订规章制度、平时多交流,还可以多组织员工参与企业的经营活动,让他们清晰了解企业未来的发展方向,现阶段的目标,以及管理者和员工各自的目标和行动方向。这样企业和员工、管理者和被管理者心里都有底,双方都有安全感,才能踏踏实实做好当下工作。

交往需求是合作起点

社交需求是指个人渴望得到家庭、团体、朋友、同事的关怀、爱护、理解,是对友情、信任、温暖、爱情的需要,是我们与他人交往、协作、关系融洽的需求体现。管理团队时,社交需求的重点是团队成员之间互相信任和认同。让每一位团队成员都有归属感,团队凝聚力就强。每一个人都希望开开心心工作,快快乐乐生活,如果一边为工作忙得四脚朝天,一边还要应付工作中复杂的人际关系，往往会力不从心。只有保持团队成员之间的关系融洽，才真正做到你情我愿地相互协作。家庭生活同样如此，家庭成员之间经常缺乏情感交流，久而久之会造成关系疏远。工作中人与人的交流，都比较表面化，不能真正营造团队氛围。团队成员之间的情感交流若只限于工作交流本身，时间一久，大家感觉乏味，容易产生厌倦工作的情绪。用人力资源管理的术语说，就是形成职业怠倦症。生活和工作是紧密联系没法割裂的，工作心情好，生活心情才会好。

　　工作和生活是联系在一起的，因为主体都是人，工作和生活是人面对的两种环境，工作的环境大背景是人的事业，生活的环境大背景是人的各种需求满足的过程，事业是人的核心需求，但它是为生活需求所服务的。社交需求建立在人的社会属性需求上，它为我们的工作和生活服务。

　　企业满足社交需求方面的激励，应多组织员工之间的交流活动，比如各种趣味或体育比赛，效益好时，可以多组织旅游活动。团队管理者主动与员工沟通、交往，切不可搞出等级森严的上下级气氛。

　　提升个人的社交能力也是激发团队活力的重要方法。无论你是管理者还是被管理者，提高社交能力，既能调节情绪压力，又能给自己和他人带来欢乐。

　　做事简单，心态开放是快速提升社交能力的方法之一。这包括主动帮助他人，有困难向他人求助。别人需要你时，应该用对方能接受的方式立即回应，即使自己确实帮不了对方，也要真诚回应。

面子很重要

马斯洛需求层次理论的两个高级需求分别是尊重和自我实现的需求。说起尊重，中国文化中有一个词特别重要——面子。在工作和生活中，很多小纠纷最后演化为大问题大矛盾，全是因为面子而引发的。对于生活在面子观念中的我们，要保护好自己的面子（内尊），也要给足对方的面子（外尊）。尊重在管理工作中非常重要，它是一个团队和组织凝聚力的标志。尊重是一种美德，尊重他人，也就尊重了自己。尊重是自信的外在表现，只要自信，就能包容不同个性的人，能听进说不同意见人的话语。

工作和生活中，大多吵架和矛盾就是为了面子，特别是家庭成员之间的争吵，双方争吵不是为对错，而是为一个叫"争赢才有面子"的观念。有时工作中的观点争议，不像家庭成员之间吵得那么激烈，但多数也是为了"争赢才有面子"。

在社会中，赢得大家的尊重就意味着社会地位的提升，能够影响更多的人，受尊重的人，自律性、规范性、信任度都高于普通人。马斯洛也认为，尊重需求得到满足，能使人对自己充满信心，对社会满腔热情，体验到自己的价值。看来中国人爱面子是有科学依据的。

用尊重来激励是自驱力的体现之一，激励自己和他人都能用上。比如角色定位法，多给自己或他人积极向上的角色定位：我是一个有理想的人；我是一个有独立思想的人；我个性开朗；我行事果断；我乐于助人；你是一个思维敏捷的人；你是一个为梦想而献身的人；你亲和力强；你遇事冷静；你坚韧刚强……

尊重他人的行为表现是用心关切他人的一举一动，并回应他人的关切。比如三步外主动向他人招呼；在异国他乡旅游与人相遇时露出友善的笑容；在团队中欣赏成员的言行……

仰望星空的梦想

自我实现需求，简单理解就是让自己成为自己想象中的样子，或实现自己的人生理想。这个不花钱的自我实现激励法，是管理者最喜欢用的。自我实现需求对每一个人都很重要，但有时大家在讲自我实现时，往往都是讲给对方听，讲给员工听，却不是讲给自己听的。你想成为一个什么样的管理者，就应该有什么样的管理领导行为。千万别再编个故事去忽悠人，这样做的结果是管理者最终损失个人威信力。因此，确定可行的自我实现目标是激励的关键。

首先，自我实现需求的满足途径远远比生理、安全需求多得多，自我实现需求实现的途径受个人的价值观、人生观、世界观影响，一万个人就可能有一万种自我实现的途径：成为短跑冠军、园艺大师、围棋九段高手、金融家、机械师、成功商人、飞行员、一切为家人、找个心爱的人、美食家……其次，选择正确的自我实现需求目标非常重要。如何甄选呢？凡是符合普世价值观、道德法律准则的都可以是自我实现需求的目标，不要激进，不要逆历史潮流。最后，要把控自我需求实现的过程。每一个梦想实现的过程都是一次又一次的蜕变和自我突破，没有阵痛就没有成长，即使是天才，也会遇到与天才相匹配的困难。自我实现的过程中既要有脚踏实地的实干精神，又要有仰望星空的崇高追求。

年长者千万别利用年轻人渴望实现人生梦想的需求去做一些明面上对年轻人好，暗地里为自己谋私利的事情；反过来，年轻人也要多加思考，不可拔苗助长，不要受人蛊惑，天底下没有不劳而获的事，凡事肯定是付出在先，努力在先。这也许有些矛盾。一方面我们鼓励要敢想敢做，一方面又得顾及资源和环境去构思梦想。找到一个适合个人的自我实现目标很重要，这个目标既不太高太难实现，也不能过低过于平淡，这样才能产生持续的激励效果。

四 一源多流的激励模式

了解了马斯洛开创性的需求层次理论之后，接着就要了解双因素理论、成就需要激励理论和ERG激励理论。这几个理论的共通点是都认同基层需求的重要性，区别是在中高层需求上有不同的侧重点。

双因素、成就需要、ERG激励要点

与马斯洛的需求层次理论同一类型的激励理论还有赫茨伯格的双因素理论和麦克莱兰的成就需要激励理论以及奥德弗的ERG激励理论，这几个理论都属于内容型激励理论，重点是研究引发激励行为的诱因，按心理学的范畴划分，属于认知派激励理论。它们共同的特点是，强调人的内在因素和外在环境相结合的激励措施，激励的前提是人的生活需求有保障。马斯洛的生理需求和安全需求、赫茨伯格双因素理论中的保健因素、麦克莱兰的成就需要理论中满足生理需求后才能产生成就需求、奥德弗ERG激励理论中的生存需求都属一类。麦克莱兰的成就理论就更为直接地说明成就、权力、关系三者最能驱动人实现目标，成就需要极强的人，总是有一股强烈的内驱力要将事情做得更加完美。成就感强的人，是天生的自我驱动型人才，企业在选拔领导者、研发项目带头人、新市场的销售人员

时，高成就需要特质的人是首选人才。

有理想走得远

我们对奥德弗的ERG激励理论稍做展开。奥德弗的ERG激励理论中生存需要、相互关系需要、成长需要大致与马斯洛的生理、安全、社交、尊重、自我实现需求相对应。奥德弗提出，各个层次的需求得到满足越少，人们就越渴望；较低层次的需求越是得到满足，越容易产生较高层次的需求，此时若较高层次的需求一再受挫得不到满足，人们就会重新追求较低层次的满足。奥德弗的ERG激励理论不但提出人的需求激励呈上升的趋势过程，还解释人受到挫折时需求倒退的趋势过程。

通俗地说，我们都知道人的一生境遇有好有坏，大多数人在顺境中决策很果断，做事效率高，想法多，也敢于尝试，需求层次呈向上发展趋势。但遭遇到连续挫折时，往往产生对自己能力的怀疑，信心动摇后，会重新思考目标的合理性，甚至放弃，回到过去的生活习惯中去。所以，要培养坚韧的品质，要有屡败屡战的精神和力量。接二连三遭遇到挫折时，正确的做法是反思总结，重新积蓄力量，先达成小的目标，满足小的需要，信心恢复后，再次向上冲击。积小胜为大胜是重振旗鼓、积聚信心的最佳方法。

用一句话来概括:"有理想可以让我们走得更远更持久更坚定!"

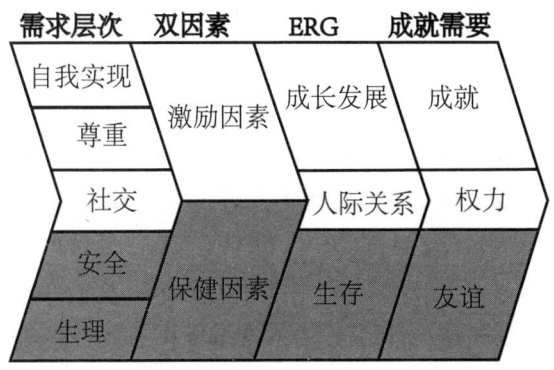

四类激励理论对比

TIPS

双因素理论,又称激励保健理论,是激励理论的代表之一,由美国心理学家弗雷德里克·赫茨伯格于1959年提出。该理论认为引起人们工作动机的因素主要有两个:一是激励因素,二是保健因素。只有激励因素才能够给人们带来满意感,而保健因素只能消除人们的不满,但不会带来满意感。

成就激励理论由美国哈佛大学教授大卫·麦克莱兰提出,他从20世纪四五十年代开始对人的需要和动机进行研究,提出了著名的三种需要理论。麦克莱兰认为,人除了生存需要之外,还有三种重要的需要,即:成就需要、权力需要和友谊需要,并

> 提出了成就激励理论，这是一种从想要得到的不同结果对需要进行分类的方法。该理论对我们在实践中分析对那些有强烈成就需要的人应该采取什么样的激励措施和方法具有特殊的指导作用。
>
> **ERG激励理论**
> 美国耶鲁大学教授克雷顿·奥德弗在马斯洛提出的需要层次理论的基础上进行了更接近实际经验的研究，提出了一种新的人本主义需要理论。奥德弗认为人们共有三种核心的需要，即生存（Existence）的需要、人际关系（Relatedness）的需要和成长发展（Growth）的需要，因而这一理论被称为ERG激励理论。

***

边听边想，我感觉人在顺境中什么都好处理，但遭遇挫折，身处逆境时，确实不好办。面对困难挫折，最重要的是重振自信，这里分享一个激励小经验——做些简单的事，让事情按照预期方向发展，就能逐渐恢复自信心。只要信心恢复，就可以再次向上冲击，不成功，再回头来过，休养生息，积蓄一定的能量后，就有信心再来一次，就如海边的浪潮一样，生生不息涌上岸边，永不停止。

讲到这里，教授告诉大家，人本主义和行为主义相关的激励理论还有许多，大家感兴趣的话，课后可以上网和到书店、图书馆深入了解。

我下意识点了点头，觉得了解几个理论就足够了，先一步一步来，积小胜成大胜，也适用于此。

***

❺ 自我效能

都说命运掌握在自己手里，未来的你，美梦能成真吗？答案是：有可能！你的心有多大，舞台就有多大。或许你就是下一个互联网+、大数据、AI、区块链领域的领军人物。不要怕慢，只要不停，一天进步一点点，一天实现一点点预期，你的成功，由你说了算！

自我效能的力量

接下来介绍的是新行为主义的代表人物之一——阿尔伯特·班杜拉，他是美国当代著名心理学家。班杜拉对心理学的最大贡献就是提出自我效能理论、社会学习理论和行为矫正技术。

班杜拉最早提出社会学习理论，是该理论的创始人和奠基者。班杜拉在1977年提出"自我效能"的概念，他发现人们在特定的环境中，是否相信自己有能力达到预期的结果（目标），或者是否相信自己把控事情的能力，其期望高低直接关系到自我效能的高低，而过去成功的经验会直接影响自我效能的高低，过去拥有成功的经验会增强自我效能，过去经常失败则会降低自我效能。

班杜拉的自我效能理论类似于著名心理学家和行为科学家弗卢姆的期望理论，两者的相同之处是都相信个人对目标实现的期望值，期望值越大，实现的概率就越大。区别是班杜拉强调以往的经验对期望值的影响因素，而费卢姆的期望理论是把效价考虑到其中。效价指达成目标后的价值对人的吸引力，而同样的效价对不同的人起到的激励作用不会相同。比如，1000块钱对学生来讲是一笔不小的数目，而且很有吸引力，但对参加工作的人则吸引力就很平常，也就是说同样1000元钱，对学生或不富裕的人来说效价比已经工作或较富裕的人要高。

班杜拉把预期的实现愿望与以往的成功经验相关联，以往的成功经验越多，那么实现预期的可能性就较大，越战越勇良性循环的状态就是如此。因为以往的成功经验能决定个体对预期目标的效能感，可以让我们更持续、执着地克服困难，追求目标实现。当然，也要注意避免过于相信以往的成功经验而走入刚愎自用的极端。乐视创始人贾跃亭是近年的风云人物，他2004年创建乐视网，2010年8月在创业板上市，他成功地将视频产业、内容产业和智能终端打造为一体，以"平台+内容+终端+应用"的模式构建完整生态系统，被业界称为"乐视模式"。乐视的成功增强了贾跃亭的自信心，他想快速把乐视网的生态模式复制到汽车生态系统，打造智能新能源汽车，但由于过于乐观，战略扩张过快，导致了资金链断裂。

人的成长与信心成长往往是同步进行的，信心越足，成长越快，目标也越大，但同时需要尊重和把握好事物客观的内在规律。

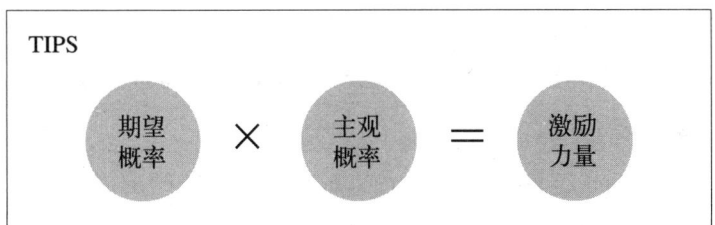

TIPS

期望理论（Expectancy Theory）又称作"效价－手段－期望理论"。期望概率最大为1，最小为0，效价是由个人经验和个人认识决定的，称为主观概率。

梦想和奖品都得要

班杜拉的自我效能理论来源于内在的推动力，费卢姆的期望理论则来源于外部的拉力。自我效能理论的内在推动力源于以往的成功经验，期望理论的拉力来源于达成目标后外界奖品的吸引力。若把两者结合，由内而外激励自己，达成目标的概率就能大大增加。

班杜拉指出，有四种因素影响自我效能感的形成，即：直接的成败经验，替代性经验，言语劝说和情绪的唤起。

第一，行为的成败经验指经由操作所获得的信息或直接经验。成功的经验可以提高自我效能感,使个体对自己的能力充满信心,反之,多次的失败会降低对自己能力的评估,使人丧失信心。

第二,替代性经验指个体能够通过观察他人的行为获得关于自我可能性的认识。

第三,言语劝说包括他人的暗示、说服性告诫、建议、劝告以及自我规劝。

第四,情绪和生理状态也影响自我效能的形成。在紧张、危险的场合或负荷较大的情况下,情绪易于唤起,高度的情绪唤起和紧张的生理状态会降低对成功的预期水准。

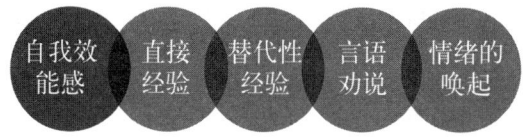

自我效能四要素

这四种因素的影响程度强弱顺序是,直接的成败经验>替代性经验>言语劝说>情绪唤起。

直接成败经验的影响肯定最深刻,就如同我们常说的"失败乃成功之母""不经一事,不长一智"。替代性经验的影响与接触频率和关系亲疏有关,接触频率高,关系亲近的人对我们产生的影响大,反之则弱。言语劝说,包括听课、谈话、看影视资料,其影响效果又逊色些。情绪唤起受环境影响较大,东方哲学很强调自我反思的作用,印度的瑜伽、中国的坐禅、儒家说"吾日三省吾身"都有情绪唤起的作用。

言传不如身教

班杜拉的自我效能理论在学习方面的应用较广，我们来从学习角度看激励。班杜拉认为儿童社会行为的习得主要是通过观察、模仿现实生活中重要人物的行为来完成的。就如我们常说的"言传不如身教"，班杜拉强调外在行为更容易影响儿童的行为。

班杜拉认为任何有机体观察学习的过程都是在个体、环境和行为三者相互作用下发生的，行为和环境可以通过特定的组织加以改变，三者对儿童行为塑造产生的影响取决于当时的环境和行为的性质。

这里的行为指成人为教育小孩健康成长，培养优良的品德、习性时要特意要求自己也要有优良的品德和行为习惯。与其天天对小孩子说好好学习，还不如家长自己在小孩面前看书、写作、学习的行为更直接有效。

这里的环境指，我们除了要求自己外，还要影响社会，使社会中的大多数人拥有优良的品德和习惯，这里与群体心理学关系很密切。与其天天对小孩子说"过马路先看红绿灯，再看左右来往的车辆，然后按照红灯停、绿灯行的指示过马路"不如家长以身示范，并且，家长不单是要在自己的小孩子面前遵守规则，只要有小朋友在身边，就一定要树立品行习惯良好的模范。

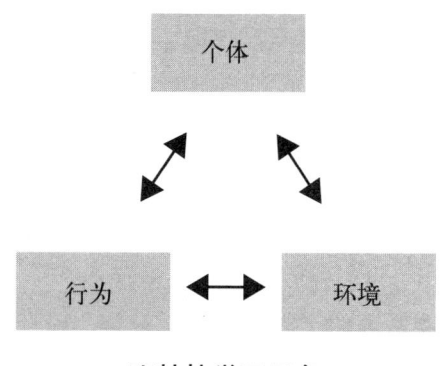

班杜拉学习三角

我们把视线转到平时的工作和生活中来，仔细回看，就能发现行为和环境同样影响到成人。团队领导者良好的行为，比他们的指令更具说服力。效率高、执行力强的团队，团队领导者的效率、执行力通常都很强。团队和组织中每个人都受外界影响，同样也可以用自己的行为逐步影响外部环境，虽然影响力有限，但只要长期保持就能影响和改变外界的人和事。

按照班杜拉的理解，对有机体行为的强化方式有三种：一是直接强化，即对学习者做出的行为当场予以正或负的刺激；二是替代强化，指学习者通过观察其他人实施这种行为后的结果来决定自己的行为指向；三是自我强化，指根据社会传递的行为判断标准，结合个人的理解对自己的行为表现

第一章 速通管理学中的激励 35

进行正或负的强化，自我强化参照自己的期望和目标。

如果我们将班杜拉的三种强化同斯金纳的强化理论放在一起，可以发现他们的研究的目的都是强化行为。区别是两人理论的应用场景重点不同，斯金纳的强化理论被大家应用在激励方面较多，班杜拉的强化方式则用在教育方面较多。在这里讲班杜拉的三种强化方式，目的是尝试把班杜拉的强化方式应用到激励管理上。

> **TIPS**
>
> 班杜拉的另一项实验研究比较了口头劝说和榜样行为对儿童利他行为的影响。实验是这样进行的：先让小学三、四、五年级的儿童做一种滚木球游戏，作为奖励，孩子们能在游戏中得到一些现金兑换券。然后把这些儿童分成四组，每组有一名实验助手装扮的参与者做示范。第一组儿童和一个自私自利的示范者一起玩，这个示范者向儿童传达要把好的东西留给自己，不必去救济他人，同时也带头不把得到的现金兑换券捐献出来。第二组儿童和一个好心肠的示范者一起玩，这个示范者向儿童宣导自己得到好东西还要想到别人，并且带头把得到的兑换券捐献出来。第三组儿童和一个言行不一的示范者一起玩，这个示范者嘴里说人人都应该为自己考虑，实际上却把兑换券放入了捐献箱。第四组儿童的示范者则是嘴里说要把得到的兑换券捐献出来，实际上却只说不做。实验结果是第二、三组捐献兑换券的儿童比第一组和第四组明显多。这清楚地表明劝说只能影响儿童的口头行为，对实际行为无影响，行为示范对儿童的外部行为则有非常显著的影响。

***

讲到此处,教授略做停顿,此时教室十分安静。我坐在靠后的位置,容易观察前面的学员,学员表情有的像是听入迷,也有的像是听迷糊了。可能是到了学习疲劳期,成人学习注意力集中时间长度普遍在15分钟左右。教授似乎注意到这一点,为了让大家能够跟上学习进度和老师的思路,教授有意识地停了十来秒钟。

教授接着抛出一个问题:"有哪位学员帮我解释下班杜拉的三种强化方式,要求用自己的理解说,有愿意分享的请举手示意。"这时大家更安静,我心里也打鼓。好像没有人立即回应,教授面带微笑说道:"我的课堂,我做主,我要随机点名。"我担心点到自己,下意识把头低下一点,装着记笔记的模样。但教授话音一落,有位学员举手示意要回答,我回头一望,这不正是某科技公司人力资源总监张美英吗?她是我原来的同事,八年前她跳到企业做人力资源管理,两年前又被一家中型外企科技公司挖去当HRD,这个世界真小。

张美英接过助教的话筒,说:"老师好,我理解班杜拉的自我效能感就是指自己的信心和能力,班杜拉说自我效能感主要受自己的直接成败经验影响最大,这点和我所理解的信心含义相近。信心是指过去成功经验的积累。用熟语表述班杜拉的自我效能感就是，聪明人吃一堑，长一智——是直接经验和情绪唤起；智者吃他人的堑，长自己的智——是替代经验和言语劝告；愚者吃自己的堑，不长智。在理解行为强化方式时，我个人觉得个体受他人行为和环境影响最大，比如文化和社会风气能影响每个人。另外，榜样的力量除了直接经验外，最重要的是行为影响力量，特别是父母对小孩成长的影响作用更为明显。因为在小孩的人生观、价值观还没成形前，父母是其接触最多的人。所以这点对我今后教育和培养小孩有很大的帮助，我会特别注意自己在小孩面前的言谈举止，父母用行为激励小孩比说教管用。当然这也同样适用于我的日常管理工作。我的分享完毕，谢谢大家。"

教室里响起一阵掌声，教授说道："这位女士回答得非常好，给大家做了个乐于分享的好榜样！谢谢这位女士的'吃他人的堑，长自己的智'，这是最好的取长补短的自我成长方法。"

我认真看了一眼美英，她露出灿烂的笑容，把话筒递给前排举手的学员。经教授当众鼓励，有四五人加入讨论分享，课堂气氛顿时活跃起来。

***

六 感受心流体验

如果你要问我，最幸福的时刻是什么。我会告诉你，当时间感消失的时候，是最幸福的时刻。心流体验理论详细解答了快乐的时光总是很短暂的原因，它还能帮助我们找到重复体验美妙快乐时光的方法。

快乐的瞬间

心理学家米哈里·契克森米哈赖提出心流体验理论，心流体验是一种将个人精神完全投注在某种活动上的感觉，心流产生时，就有高度的兴奋及充实感。心流体验的形成，对自我激励和激励他人有很大帮助，它能让我们找到有挑战性的目标，调动自我积极性。契克森米哈赖为了让普通人更容易找到心流体验，找出了其中一些相关要素。

1. 每一步都有明确的目标
2. 对行为做出即时反馈
3. 挑战性与能力平衡
4. 行动与意识合一
5. 意识不存在干扰
6. 不担心失败
7. 自我意识消失
8. 时间感被扭曲

9.活动本身就是目的

上述要素与我们的目标有直接关联，我们在做任何事情时，都要为自己设立关键目标点，接着是付出行动，在实现目标的过程中，随时反馈调整，尽心竭力执行，最终达成任务目标就能找到心流体验。在过程中，可以感受不同程度的心流，不一定要等实现目标后才能体验心流。

心流状态可适用于生活与工作各种情境，甚至在有些不幸的事情发生时，也能找到机会点。契克森米哈赖甚至断言，有些心流体验感很强的人，有能力把每一个潜在的威胁转化为愉快的挑战，使心灵保持稳定的内在宁静。契克森米哈赖把这种人叫作"自成目的的自我"，他们"从不厌倦、极少焦虑、随遇而安，大多数时间都处在心流状态中"。

契克森米哈赖提出培养"自成目的性人格"的五个方法。

1.制订清晰而有即时反馈的目标

2.完全沉浸在某项活动中

3.关注当下发生的事

4.学会享受即时体验

5.将个人能力与即将面临的挑战匹配

找到心流体验

心流是一种动态而非静态的感觉，当我们重复做一件事情时，心流体验的边际效应呈递减状态。为了使我们经常能体验到心流状态，要适当提高目标的标准，久而久之就能带来能力的提升，生活和工作的质量也自然会提高。由于我们经常想获得美妙的心流体验，所以会不断接受有挑战的任务，心流体验能驱动大家不断进步，不断创新。

我们看到工作狂人、事业狂人的行为模式，正是他们在享受心流体验。也确实如此！每次把事情往前推动，让事情按预期方向发展，的确能产生愉快的感受。有挑战的事情得到解决，快乐的感受体验更深。

成瘾性行业，比如博彩业、游戏产业，就很好地运用了心流体验的原理。在网络游戏中，游戏生产商设计好不同难度的关卡、级别，以此给玩家带来冲锋陷阵、过关斩将的爽快感。

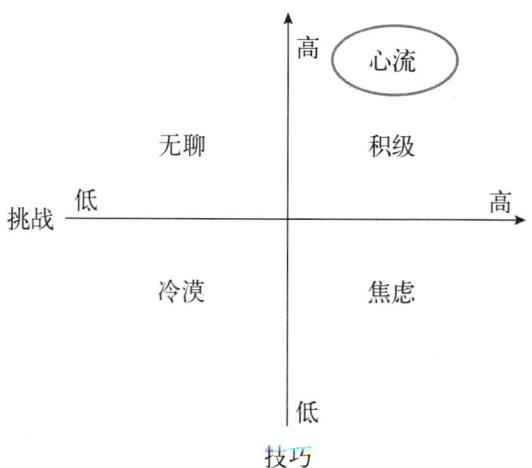

挑战与技巧和心流体验的关系

左页图说明挑战和技巧的高低与心流体验产生的关系。任务挑战要求高，技能低时，我们感到焦虑、压力，会影响到自我效能感，甚至放弃挑战目标。挑战低，技能低时会产生冷漠、空虚感。技能高，挑战低，会感觉无聊，厌倦。高挑战、高技能水平时，心流产生，身心处于最积极、最享受的状态。当人们处于高挑战、中等技能水平的时候，好胜心被激发，往往热衷于提高技能，为获得心流体验而全力以赴，这就是左页图所示的激励圈范围。当挑战中等、技能高时，我们会产生充分享受掌控事情所带来的愉悦体验。

契克森米哈赖是如何教我们控制心流的呢？

心流体验的一个关键点是，几乎所有大脑可用的神经都投入到某一项单一活动中，大脑忙于处理一件事情而无暇关注其余的一切，就能产生心流体验感。

专注产生心流体验

我们可以回忆一下自己有没有陶醉于看小说或某项工作而忘记吃饭的情况。每个人都能经常体验到心流的感觉，当我们做一件事情时，做到身心合一的投入就会产生心流体验，心流体验有一个最大的特征——时间感消失。

高大上的目标和挑战可以产生较强的心流体验，日常生活中的普通活动也可以产生心流体验，包括打扫卫生、炒菜做饭、看影视节目、钓鱼、爬山、阅读、打球等。这些平常事产生的心流体验也是我们平时的激励方式之一，比如大家辛苦工作一段时间后，一起出去打场球，组织爬山，或者去看电影，这都可以依据每项活动产生的心流感强度不同来选择，即按兴趣来选择。当然，体验感强、令人回味的心流体验还应通过突破原有的能力限制达成目标来获得。我们做自我激励、团队激励时，每年目标制订略高一点，既可提升能力，又能提高成功后的喜悦之情——心流体验，一举多得。这就好理解为什么成功人士总是不断提高目标，不断挑战自我，因为他们最终是想获得终生难忘的心流体验，这种努力会贯穿其一生。

契克森米哈赖还特别提出瑜伽是心流体验的最佳典范之一，瑜伽完美地呈现当心理能量在一个单一意识通道中流动时会产生什么结果。佛教的坐禅也能达到心流体验。

***

我挪动座位，觉得身心合一的状态与心流体验是一个意思，只是契克森米哈赖的心流体验说得更具体和详细。我国传统文化讲修身养性也有这层意思。

***

前面讲到的人本主义学家马斯洛，他在研究成功人士时，发现他们常常提到生命中曾有过的一种特殊经历，"感受到一种发自心灵深处的战栗、欣快、满足、超然的情绪体验"，由此获得的人性解放，心灵自由，照亮他们的一生。马斯洛把这种感受称之为高峰体验。这种感觉犹如站在高山之巅，愉悦虽然短暂，却可能尤其深刻。

契克森米哈赖的心流体验比马斯洛的高峰体验覆盖面要广，普通人也能经常体验到，用俗话讲就是"降低门槛"。马斯洛的高峰体验属于需求层次的顶峰——自我实现需求，能来带来最大的激励效果。两者的终极目标——心流体验和高峰体验——都提倡尽可能体验到极致的美妙感，从而达到激励的作用。

***

教授接着讲道，大家听完心流体验理论后，会发现激励人的方式有许多种，包括坐禅、瑜伽、看书、听歌、爬山、打球、出游等。那么这些方式有哪些内在的规律呢？怎样好记好学呢？教授告诉我们，接下来他将从人的内在激励因素和外在因素展开讲解，内在的激励因素包括人体神经反应、大脑感知，即内在的心理感受体验；外在的激励因素包括环境、制度。从内外两个方面激励，可达到最佳的激励效果。

***

第二章 藏匿在你身体的"激励魔水"

激励就是让自己和他人能够高兴、兴奋、充满激情,能自然而然地愿意去做一件事。从自己的身体中找出"激励魔水",就是我们要做的事情。

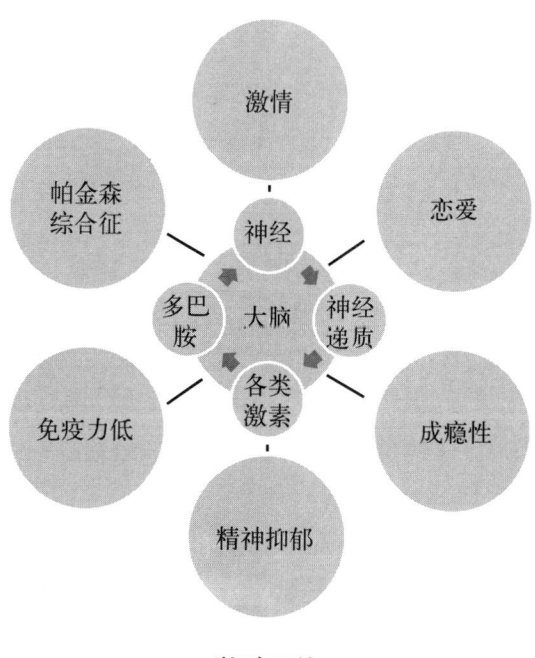

激励网络

● 体内的"激励快递员"

外界的各种信息被人体的感官神经接收后，会通过体内的各级神经元，汇入中枢神经系统，最终由大脑发布反射指令。在这层层信息的传递过程中，有无数个神经元精准无误地分发、汇总各种信息和指令。

走近人体神经

心流体验和高峰体验都是一种能让你我振奋舒畅的感觉，它们和激励相似，都是激发人行为的心理过程。

美好的体验都是从哪里而来？如何让我们每天都有美妙的感觉呢？激励的感受是从哪里来的呢？

追求快乐、逃避痛苦是人的本能选择，了解人如何创造快乐的感觉，就能掌握一些激励自己和他人的方法。

神经系统是个体感知外界环境的信息传递通道。人体神经系统是人体内最高级和最复杂的控制系统，由神经细胞（神经元）和神经胶质组成。人的所有行为记忆、思想记忆都由神经细胞末梢的信息交换形成。前面讲的条件反射和非条件反射，就是由神经元末梢突触之间前后的连接把信息传导到大脑的神经中枢系统后做出的反应行为。

神经系统是体内的信息高速公路，它时刻输入输出着喜怒哀乐痛等感受，它能调节人体内的各种内分泌物质

(各种激素，神经递质，腺体，酶、酸、糖的代谢物），从而影响大脑对事物感知体验的强弱程度。通过对神经系统与内分泌物质的研究，科学家们逐步发现有几种物质能直接影响到人是否快乐。这些内分泌物质是激素和神经递质，激素和神经递质除了保障人体基本的生理机能运行外，还让人体拥有激情、活力、冲劲，让人洋溢出青春朝气。

***

> 听到此处，我在想，每一种形式的激励都是一种体验，有体验就与神经有关。快乐的事总是我们愿意重复的，痛苦悲伤的事总是我们尽力回避的。激励的方法是教我们找到快乐大本营，还是激发我们挑战更高的目标呢？我想二者都有，就看如何应用，让自己经常处于努力奋斗的状态，而少想累和烦的事，激励能让我们把精力放在目标达成上。

***

激励"魔法包"

神经递质是一种在神经元之间、神经元与细胞之间传递信息的化学物质。

神经递质在各个神经元细胞之间传递各种感触信息，大脑内的脑细胞之间也是靠神经递质来获得各种信息，最终对外界刺激做出响应。神经递质就像传递各种信息的快递员，把各种信息准确递送到指定的各家各户。

第二章 藏匿在你身体的"激励魔水"

对我们起到激励效果的信息,也是经神经递质传达给我们大脑的。神经递质有许多种,其中多巴胺和肾上腺素(肾上腺素既是神经递质也是激素,部分肾上腺素是由多巴胺经生物化学反应转换而成的)能有效让我们的大脑产生快乐兴奋的体验。

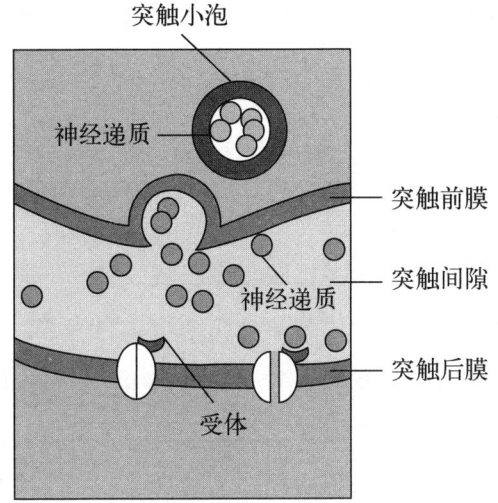

神经递质信号传递

● **大脑里的"奖赏中心"**

大脑里有一个"奖赏中心",它是快乐的源头,离开了它,工作和生活会十分乏味。

神秘的多巴胺

最早发现多巴胺的是瑞典人阿尔维德·卡尔森,确定多巴胺为脑内信息传递者的角色使他赢得了2000年的诺贝尔医学奖。多巴胺是一种神经递质,用来帮助细胞传送脉冲的化学物质,它负责大脑的情欲感觉,将兴奋及开心的信息传递给大脑,也与上瘾有关。多巴胺是大脑的"奖赏中心",又称多巴胺系统。因此,如何让自己的多巴胺保持合理的水平至关重要。

当完成一件事或得到一件很想要的物品时,大脑内的神经元细胞内便产生多巴胺,多巴胺经神经细胞突触,形成生物化学反应,转化为信息在细胞之间传递,最终由大脑中枢神经回应,我们就会产生很放松、很愉悦的生理和心理方面的感受。知道多巴胺是大脑的奖赏中心,可以经常有意识地在完成任务后额外奖励自己一点小奖品,得到奖励后能刺激脑内多巴胺分泌,从而强化我们不断重复特定的行为。

大脑内分布多巴胺递质最多的区域是中脑的腹侧区、下丘脑、脑垂体中,当一个行动完成时,会刺激腹侧被盖区的多巴胺的分泌,多巴胺递质经过神经细胞突触传递,向伏隔核、海马、杏仁核、前脑额叶皮质等神经区域传递愉悦感,并促进行动重复。

成瘾性行为的根源

对这个奖赏中心来说，它只对快乐感有兴趣，至于是通过听音乐、阅读、运动获得快乐，还是通过喝酒、抽烟、吸毒满足快感，它不理会，它没有节制能力，这就是成瘾性行为的根源所在。我们在选择激励方式时，应遵循奖赏中心的规律。

我们的大脑是进化形成的生物性神经系统，所有的物种在进化过程中都需要生存和繁衍，以食物和生殖为中心的需求奖赏，我们称为自然奖赏。自然奖赏是我们在激励自己和团队时经常用到的奖励品，如聚餐、组织交友、各种娱乐活动。通过毒品刺激人体奖赏中心的欣快感，则是药物奖赏。药物奖赏除了对中脑皮层边缘多巴胺系统带来超常快乐外，还会破坏脑内的奖赏通道。因为天然奖赏引起的多巴胺的释放是缓起缓降的，而药物刺激脑内多巴胺浓度升高速度快，幅度大。一旦吸毒成瘾，人体内的天然奖赏系统会被抑制，对吸毒者来讲，做什么事情，吃什么东西都没感觉，唯有吸毒才会有快乐感。吸食毒品成瘾，破坏人体内的多巴胺系统（奖赏系统），会导致脑内其他神经递质、激素等相关内分泌的失调。

好好呵护多巴胺系统

在此有一点需要强调，人体的适应能力和体内抑制性代谢的作用会使每一次刺激形成的快乐都要比上次刺激要少，也就是说同样的刺激量引起的快乐感会逐次降低。针对多巴胺系统的适应特点，应经常变换激励物，变换花样，并保持一定的频率，这样才能让我们的多巴按系统的适应性延迟。多加爱护自己的多巴胺系统，才能从生理上延长多巴胺的活跃度。

第一次吸食同等量可卡因的体验是常态体验的500倍，第二、三次吸食同等量可卡因时则是常态体验的200倍左右。吸毒者为了获得更多的常态体验，就会加大剂量，吸食方法也会发生改变，先是用鼻子吸食，然后是静脉注射。毒品能直接刺激快感中枢，而我们生活中的快乐事件是间接刺激快感中枢。生活中快乐事情发生需要各种各样的因素形成，有偶然性成分，为了再次体验快乐，我们就会再次努力，追求卓越，渴望成功，久而久之就形成有效的激励。

无所不能的多巴胺

阿尔维德·卡尔森发现多巴胺后，科学家们还验证了多巴胺分泌失衡是导致精神分裂症的重要原因。神经细胞释放过多或过少的多巴胺，引起神经细胞活动过分活跃或过分低迷，会导致脑内信息的处理紊乱，出现幻觉、妄想、偏执、狂躁、抑郁等症状。偏执、妄想、狂躁型精神分裂症与多巴胺分泌过多，引起脑内细胞活跃兴奋有关。抑郁症则是多巴胺分泌过少，使脑内细胞活跃性过低，对什么都不感兴趣，找不到生活和工作的快乐。

另外有些疾病与脑内分泌多巴胺神经细胞过多死亡有关。多巴胺控制肌肉的化学物质，脑内多巴胺过早过多死亡就会引起人的肢体震颤、僵硬和说话含糊不清，这就是帕金森综合征的典型症状。

激励时，针对不同的人应用不同的激励物和激励方式可从多巴胺的分泌周期和分泌多少找到依据。比如，当众表扬对新员工和老员工的激励效果就不同，过去认为是老员工听多了才没效果，但其实生理性衰老才是关键。激励对那些常常对什么事都提不起劲的员工无效，不是他们抵触公司的激励政策，而是有可能他们的身体处在亚健康状态，如抑郁、精神不集中、疲劳等，这时对他们有效的激励方式可能是关怀、休息、找到恢复健康的方法。

将条件反射和多巴胺放到一起来理解我们对外界刺激的反应，让我们理解为何体验到愉悦的感受后，就会期待下一次的重复刺激。还可以将多巴胺与契克森米哈赖的心流体验联系理解，当我们用心投入一件事情当中时，我们的内心处于平静状态，此刻我们的大脑、各种神经细胞、体内的各个生理系统保持良好的运行，身心的体验即会产生心流。所以，平时多给自己一些奖励，就能促进多巴胺平衡释放，收获快乐感。

爱情激励你我

爱情对人的激励效果显而易见，爱情能让恋爱中的男女茶饭不思，能让他们不远千里只为见上一面，爱情激发出来的力量足以战胜一切阻碍。

有趣的是，多巴胺也被称为爱情激素，当梦中情人就在眼前时，多巴胺分泌会自动增多，此时少部分多巴胺会转化成肾上腺素，肾上腺素会增加心肌收缩力，增加血液输出量，脑血管扩张、血流量增加，心情兴奋激动。热恋情侣在蜜月期时，多巴胺的分泌会比他们以往相处多很多。

冲冠一怒为红颜、爱美人不爱江山的故事不断涌现，都是爱情激素的力量。已婚人士想让婚姻生活美满，就需要经常激发婚姻的活力，定期营造浪漫的气氛是很好的思路，比如定期约会、旅行。

有关大脑和神经系统中的重要概念有神经元链接、神经递质、突触、多巴胺、中脑的腹侧区、奖赏中心（伏核隔）、吸毒成瘾、精神分裂症等，重要的是要将这些概念联系到激励、行为改变的应用。从多种途径寻找新激励方法，找出哪些外界因素能影响脑内的多巴胺释放，了解奖

第二章 藏匿在你身体的"激励魔水"

赏中心的特点，我们就能调节好内分泌系统、免疫系统，促进人体器官保持良好运行，使我们身心愉悦。

免疫力下降，慢性病的成因

人的大脑不能直接用意识控制我们的植物神经系统，但它能间接影响植物神经系统中的交感神经和副交感神经之间的平衡，再影响内脏的活动。"积郁成疾"是典型的由于长期心理和情绪压力过大引发植物神经中的交感神经和副交感神经紊乱进而导致内脏功能出现问题。胃肠溃疡是副交感神经过度兴奋（压力大，应激反应多，引发肾上腺素分泌过多，引起神经兴奋）导致消化液分泌过多（胃酸）形成溃疡病。植物神经紊乱与神经衰弱、抑郁、焦虑、易疲劳、亚健康都有直接关系。身体不好，精神涣散的人能有活力吗？能激励他人吗？这就是讲激励要提到人体神经和植物神经的主要原因。

这里提到的肾上腺素主要由肾脏上方的肾上腺分泌，紧张、突发事件、工作和生活压力过大都会促使肾上腺素饱和分泌，长期过多分泌肾上腺素会造成植物神经中的交感神经和副交感神经紊乱，进而影响人体内脏功能。

当遇到应激事情时，肾上腺素分泌过快过多，我们心跳会加速，呼吸也会急促，血液会加速流向毛细血管，肌肉收缩力度加强，思维收窄。思维收窄意味着我们找不到好的解决方法，防御心理增强，进而又会加剧紧张，往往就会选择本能反应去处理应激事件，如逃避、武力对抗、敌视、愤怒、萎靡等心理和行为反映。在工作中，遇到突发事情时，多数人的第一反应是"坏了，糟糕"，脑子下意识会冒出"客户责怪怎么办""会被领导骂死""这次损失惨重"等想法，接着是防御性的思路，思考如何保全自己，避免责任，只有冷静了才会想解决方法。冷静后思维逐渐开放，脑子活，方法多。要掌握人体内肾上腺素的分泌规律，无论什么事情发生，都要保持平静，特别要控制好肾上腺素分泌最多最快时瞬间的情绪反应，至少深呼吸三次，平静几分钟，脑子不卡壳了，再去想应对方法。

所以，遇到任何事情和问题，都要学会冷静、放松处理。减少应激状态的频率，首先是让人体内的肾上腺素分泌正常，遇事不紧张，能找到应对方法；其次是减少对立对峙的情形。应激行为不利于和谐的人际关系和团队气氛的营造，换句话讲，不利于激发团队的活力。

职场中，销售、研发、中高级管理岗位的人患慢性胃炎、神经衰弱的比例明显高于其他岗位，主要原因就是工作强度高，竞争压力大，引起植物神经紊乱，内分泌失调，大脑长期处于应激状态而降低了人体抵抗力，引发各种慢性病。应激反应是人自然进化过程中形成的生物性的本能反应，我们很难控制，但要养成放松、平静地处理问题的习惯。

请记住，好好爱护我们的大脑，让大脑氧气充足，保持心情愉悦，身体健康是激励的根。

激励是神经说了算

现在我们把前面的知识点串联起来。从巴甫洛夫的经典条件反射理论、斯金纳的强化理论、马斯洛的需求层次理论和高峰体验、班杜拉的自我效能理论、契克森米哈赖的心流体验到卡尔森发现的多巴胺，均与大脑和神经活动有关。激励产生效果，都要通过脑内神经元细胞之间的突触传递进行连接，形成信息交流。反复进行，便是强化，从偶然性的连接变成经常性的连接交流，形成固定的神经反射链，习惯就形成了。有意思的是，脑内的神经元细胞之间的末梢突触的生物特点是，经常重复，突触连接通道会有很多；偶尔重复，则连接时有时无；如果长时间不重复，则连接通道会慢慢减少，最终建立的神经通路将消失。这有点像我们在草地或树林中找到一条捷径，经常走，会形成一条小路，很多人经常走就形成一条大路，只是偶尔走几次，则很难形成路，即使已经形成路，如果几年不走，路又被草木重新占领。

因此，我们要经常重复好的思维习惯、行为习惯，避免重复不良的思想和行为，助人为乐的事要常做，拖延、不愿担当的事尽量避免。脑内的神经元细胞之间建立良好的信息通道，大脑中的奖赏中心有序释放多巴胺，体内的肾上腺素分泌合理，我们的身心自然健康，更容易获得工作和生活的快乐元素。

拥有愉快的心理体验是激励的目标之一。人的神经和大脑如何激发人，与心理体验紧密相连，心理体验过程是激励不可缺失的重要部分。在我们进入心理学章节时，将发现管理学中提及的激励概念均与人的心理活动相关，需求层次、双因素、成就需要、自我效能，均是为满足需要而引发动机的心理激励过程。

第三章　心理学中的激励奥秘

本章将聚合一些最重要的心理学理论，与你一起发现动机、本能，了解自我、本我和超我。人需要欲望，更需要满足欲望的正当方法和手段。

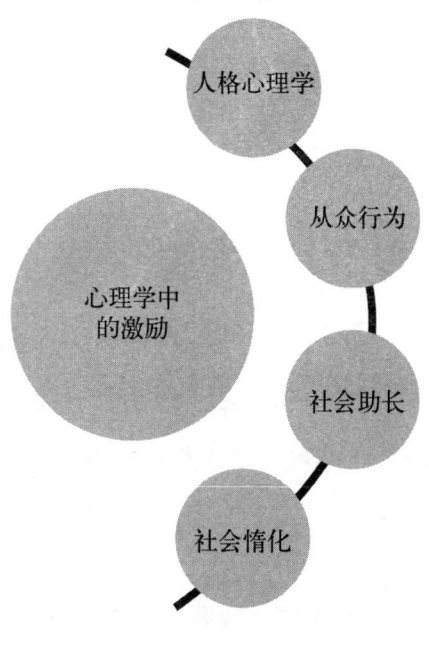

心理学激励方向

● 心理学中的激励

世界上每一个人都是独一无二的,人的思想和行为能折射出其斑驳陆离的内心世界。这里将解析你成为你,我成为我背后的故事。

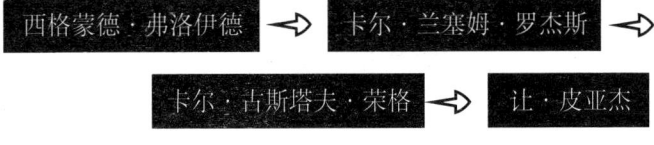

透视动机

***

教授告诉我们,需要引发动机并用行为来满足,正是因为想了解自己和他人的想法,想要看清真相,所以他选择研究心理学。而大家今天能聚在一起,都是出于想学习了解激励的动机,想要满足激励自己和他人的需求,正是它们激发大家放弃别的重要事情来学习。

***

人的动机各式各样,隐藏得非常深,但只要抓住需要,就能找到它们。动机是人的心理过程,具有目标导向,能激发和调整人的行为。比如大家产生激励自己和他人的需要,满足动机的行为就可以包括听课、向其他人请教、看书、看视频、观察他人、自己琢磨等。

需要越强烈，动机的驱动力就越强烈，动机会以不达目标不罢休的驱动力用尽各种方法来满足需要。比如成就需要非常强烈的人，上学时有考第一的动机，工作时有绩效争第一的动机，行为表现是刻苦学习，废寝忘食地工作。立志是需要非常强烈的信号，能驱动自我用十倍于他人的付出达成目标。成就需要强烈，立志则高远，动机的驱动激发力就强，所以年少立志能明确人生使命，能激励我们从小培养良好的学习思考行为，克服不良行为习惯。

动机是激励人的重要内驱动力，是人的心理活动之一。心理学是研究人的行为和心理活动的学科，知识体系庞大，我们将从中挑选出部分与激励关联性强的知识点讲解。

人格心理学的应用范围是个人激励，社会心理学的应用范围是群体激励。

人格，可以理解为人的性格、信念、自我观念等，它是指一个人一致性的行为特征，因人而异，是人在适应环境当中，在需求、动机、态度、价值观、气质、性格等方面的倾向性表现，具有稳定性、持续性的特点。我们总感慨人是世界上最难琢磨最难读懂的，这句话表达了人的多面属性特点。了解自己和他人的人格特征，既能提高人际交往能力，又可以激发自己，把握好关键时刻的激励窍门。

本能之力

西格蒙德·弗洛伊德是奥地利精神病医师、心理学家，精神分析学派创始人，第一个提出人的潜意识和本能的概念。弗洛伊德认为潜意识会通过被称为力比多（libido）的能量表现出来，力比多是本能的力量，它是一种心理驱动力，能激发人不断去满足需求。弗洛伊德在此基础上提出人格是由本我、自我和超我三个部分组成的。本我是指原始的、与生俱来的潜意识中的本能，是一切欲望的体现，按照快乐原则行事。自我是指个体对自己存在状态的认知，处于本我和超我之间，按照现实原则行事。超我是人格中的道德部分，代表良知和自我理想，处于人格的最高层，按照至善原则行事。生活中，人一直在不停协调本我、自我和超我三者之间的关系，三者始终处于合作与矛盾之中。

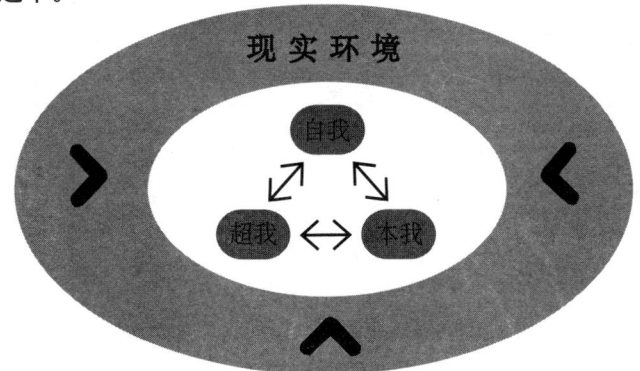

弗洛伊德人格构成

带上魔戒你会如何做

本我、自我、超我在现实生活中是互相影响的，本我作为欲望的化身，遵循快乐原则，只要能满足需求欲望，就可以无法无天。电影《魔戒》中的至尊魔戒就代表着无穷的贪欲，它拥有支配世界的法力，带上至尊魔戒后，任何人的意志都无法摆脱它的控制。

古希腊有一个与本我相关的小故事。故事大意是，有一个牧羊人叫盖吉斯，在一次放牧中，天空突然出现的闪电把地面劈了个窟窿，盖吉斯发现窟窿里有一匹铜马和一个带了金戒指的木乃伊，盖吉斯就把金戒指取下带走了。在每年一次的牧羊人讨论选谁向国王汇报牧羊情况时，盖吉斯在篝火边无意之中转动手上的戒指，惊奇地发现自己隐身了，再次转动戒指，自己又现形了。于是盖吉斯毛遂自荐去向国王汇报，结果，凭借转动金戒指隐身的秘密，盖吉斯引诱了皇后并与其合谋杀害了人民爱戴的国王。

这两个故事都是要说明魔戒的法力能照清本我面目，本我拥有巨大力量，心术正可造福一方，心术歪则会带来无数祸害。

***

我想，人性原本就有善恶双重属性，善恶都由人的欲望引发，人类文明能发展到今天，真善美是真正动力。虽说善恶就在一念之间，但关键时刻，我们会克服私欲，选择向善向美的方向前进。

***

希望就是动力

欲望本身没有好坏善恶之分，它只是一种动机，关键是看用什么方式方法满足这个动机。有动机有欲望才有希望，有希望就有动力，动力就是能激发我们做事的能量，所以我们说动机是一种有效的激励物。

对本我起约束作用的是超我，超我代表的理想是人性中善的一面。超我与马斯洛的自我实现，班杜拉的自我效能相同，都是要追求人性完美。人类社会不是神话世界，没有魔戒，本我在追求无限快乐时，会遇上各种冲突和痛苦，为了防止本我崩溃（弗洛伊德是精神病医师，精神分析研究主要的对象是精神病人，本我崩溃时，会出现精神病症状），超我会引导本我向真善美的方向寻找快乐的根源。

你就是龙的传人

龙在中国古代代表皇权，中国古代帝王将相的故事中，经常描述奇异事件，比如汉高祖刘邦是其母梦到蛟龙而生，唐太宗李世民出生时门外有二龙出现。其实这些故事起的是心理暗示作用，是告诉老百姓，刘邦、李世民就是真命天子，是龙的传人，大伙要支持，信任，服从，跟随。正向的心理暗示对人有激励作用，比如皇帝的衣饰、住所都有龙的图案，这是随时随地提示帝王们要保持与身份一致的言行。

可以说，自文明诞生，数千年来一直有人在应用超我的力量。

"最好的教师都是骗子"，这句话讲的是罗森塔尔效应和皮格马立翁效应。

皮格马利翁效应说的是，你期望什么就会得到什么。只要充满自信的期待，真的相信事情会顺利发展，事情就会很顺利地发展。反之，假若你相信事情会受到阻碍，就真的会有阻力产生。成功人士充满自信，心里相信好的事情一定会发生，这类似于班杜拉的自我效能感。

再来说说罗森塔尔效应。1968年的一天，美国心理学家罗森塔尔和助手们来到一所小学，说要进行7项实验。他们从一至六年级各选了3个班，对这18个班的学生进行了"未来发展趋势测验"。之后，罗森塔尔以赞许的口吻将一份"最有发展前途者"的名单交给了校长和相关老师。其实，罗森塔尔撒了一个"权威性谎言"，因为名单上的学生是随便挑选出来的。8个月后，罗森塔尔和助手们对那18个班级的学生进行复试，结果奇迹出现了：凡是上了名单的学生，个个成绩有了较大的进步，且性格活泼开朗，自信心强，求知欲旺盛，更乐于和别人打交道。显然，罗森塔尔的"权威性谎言"发挥了作用。这个谎言对老师产生了暗示，左右了老师对名单上的学生的能力的评价，而老师又将自己的这一心理活动通过自己的情感、语言和行为传染给学生，使学生变得更加自尊、自爱、自信、自强，从而在各方面都得到了异乎寻常的进步。后来，人们把像这种由他人（特别是像老师和家长这样的"权威他人"）的期望和热爱而使人们的行为发生与期望趋于一致的变化的情况，称之为罗森塔尔效应。

超我的责任

超我是理想、道德、信仰的化身，是自我完善的净化器。自我是我们表现出来的自己，是我和他人对自己的认知，它以行为、语言、思想等形式表现出来，是人理性选择的结果。自我每时每刻都在协调本我和超我之间的矛盾和统一关系，比如，我们以哪种方式决策，用哪种方式与他人交流沟通，都是本我、超我对自我影响的结果。

人的权力大，能力强，如果没有好的道德标准和崇高的理想来规范引导本我对权力的追逐，就容易出现权力不受控制造成的悲剧。权力、能力需要更强更高的超我来监督引导，不然就会无法控制本我，做出自私自利的事情。选人用人时把"德"放在"能"前面，就是要避免权力和才能不受控制。

弗洛伊德的自我、本我、超我相互影响的概念，与中国儒家"吾日三省吾身""格物、致知、诚意、正心、修身、齐家、治国、平天下"有相似之处。

看来夹在本我和超我中间的自我，确实不好做，自我一不小心选错了实现的方式，就会引发麻烦。但大家不要为自我担心，我觉得，超我任重，本我随性，自我向上。在激励自我的过程中，超我、本我、自我都是激励的重点对象，本我可以让人获得追随原始本能的快乐；超我可以使人的理想变得高尚；自我最实在，它要的是及时奖励或勉励。美国心理学家卡尔·兰塞姆·罗杰斯用现实自我和理想自我来表述自我的存在，现实自我是客观存在的我，理想自我是我所期待的我，或者他人所期待的我，即你想成为什么样的人。理想自我有超我和本我的含义，现实自我则是客观存在的我。

三岁看大，七岁看老

弗洛伊德的本我、自我与超我解释人的心理动力过程，是人的本能动力之一。弗洛伊德认为人的童年经历对个性形成很关键，而不同个性的人之间，自我驱动力存在差异。这并不是说"激励要从娃娃抓起"，而是表达要给孩子快乐成长的体验，让他们的人格健康，长大后他们的自信心和自我驱动力会更强。小孩的顽性是探索冒险精神的表现，是人与生俱来的特性，在确保安全的情况下，培养小孩对事物的探索冒险精神，有助于他们成年后也能勇敢探索未知世界。

中国有句老话说"三岁看大，七岁看老"，十分清楚地说明了童年成长对人一生个性、习惯、价值观的影响。成年人的习惯、个性多数是童年期形成的。大脑发育、人格形成大部分是在儿童时期完成的。心理学家弗洛伊德、卡尔·古斯塔夫·荣格和让·皮亚杰从各自擅长的研究领域证明了童年是人格形成的关键阶段，其中以皮亚杰儿童认知发展四阶段应用最广，他的四阶段划分以儿童智力和思维发展为依据。

感知运动时期	前运算阶段	具体运算阶段	形式运算阶段
(0~2岁左右)	(2~6、7岁)	(7~12岁)	(12岁及以后)

皮亚杰的儿童认知发展四阶段

感知运动时期以动作的协调能力发展为主；前运算阶段是基本概念能力的发展阶段；具体运算阶段是思维能力的发展阶段；形式运算阶段是抽象思维能力的发展阶段。儿童动作协调能力发展好，能培养孩子动手制作、爱运动、拼搏进取等个性特点，这样的孩子成年后实干能力强，能用行为激励大家，而这是优秀领导者的典型特质之一。儿童的思维和抽象能力发展好，能培养深度思考、归纳演绎能力，这样的孩子成年后能有透过现象看本质的能力，能在错综复杂的环境中看到未来发展的趋势，能用思想激励大家勇往直前，而这些是思想家必备的特质。

皮亚杰还提出个体对社会行为准则和道德规范的认识分为三阶段。

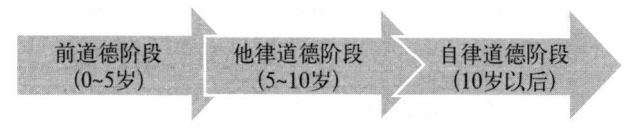

皮亚杰的道德认知发展三阶段

在前道德阶段，儿童还不懂得规则，理解能力有限，只能接受结果，这个是时候对他们讲道德他们也听不懂。在他律道德阶段，儿童知道遵守规则，懂得服从权威，即知道道德规范行为是必须强制遵守的。在自律道德阶段，儿童认知到规则是可能改变的，规则由人制订，也可以由人改变，受主观因素支配，即逐步理解规则制订是受人所处的历史背景环境决定的。

儿童道德认知发展良好，有助于培养社会融合交往的能力。儿童道德认知发展是人生观、价值观、世界观形成的早期体验，从小培养优良道德品质，成年后能客观公平地看待各种社会现象，能认识到黑与白、对与错、是与非都是人意识形态的产物，没有统一的界定标准。从小养成优良的道德观有益于成年后在社会中融合交往，懂得尊重每一个人的价值观，能激励大家共同协作，而这是社会活动家和卓越领导者共有的人格特质。

七彩童年天天有

有人会问，了解儿童人格心理的发展特点对长大成人的我，能带来哪些帮助呢？对自我激励有什么帮助呢？

童年是性格和习惯形成的关键期，一旦成形，成年后要改变需要下很大的功夫。青少年期是"三观"（人生观、价值观、世界观）的形成时期。如果错过最佳培养时期，又有何方法补救呢？建议是，可以经常回忆童年、青少年时期的梦想和快乐经历，从中找到激发自我的力量。小朋友的想象力最为丰富，他们从来不考虑想法是否合理，千奇百怪的事物，只有小朋友们能想得出。心智尚未成熟，三观模糊时产生的想法，可以称为梦想，但要把想法变为现实，对小朋友们来说是不可能的。长大后回忆起来，也许会感觉小时候的想法十分幼稚可笑，但大家可别忽视，成年后，大多数人都被现实条条框框限制，不会花时间和精力去想不切实际的事情，时常回忆曾经的梦想，有激发自我的作用，而成年人与小朋友比，最大优势是有能力把想法变为现实。

***

的确如此，所有人的童年都有属于自己的童话故事。回忆童年梦并不是逃避现实,而是在寻找梦想的力量,梦想之力可以回击现实。不登高山,不知天大也;不敢想,不知思想无边也。

***

弗洛伊德的学生,著名心理学家荣格,认为人格在成年后也是可以改变的。我们的补充是,多数人都会受环境影响,人格则可以被环境改变。只不过,人类社会的构建,是层层筛选式的,人才的选拔从小就开始,小学、初中、高中、大学都在划重点选好苗子培养,越早被选择上,就越早占有更多的教育、社会资源,成材率也越高。如果少年时没养成好习性,被选择的机会就较少,获得的社会资源就少,成材率自然较低。虽有例外,但总体如此。因此品行习惯的培养得从小开始,家庭教育尤为重要。

埃里克森人格八阶段

埃克里森人格心理发展八阶段

阶段	年龄段	发展任务	培养品质
一	出生~1.5岁	获得基本信任感与克服基本不信任感	希望
二	1.5~3岁	获得自主感与避免怀疑感和羞耻感	意志
三	4~5岁	获得主动感与克服内疚感	目的
四	6~11岁	获得勤奋感与避免自卑感	能力
五	12~20岁	获得同一感与克服角色混乱	忠诚
六	20~24岁	获得亲密感与避免孤独感	爱
七	25~65岁	获得创造感与避免"自我专注"	关心
八	65~死亡	获得完美感与避免失望感	智慧

爱利克·埃里克森是美国著名发展心理学家、精神分析学家,他把人格心理的发展划分为八个阶段,每一个阶段都有显著的心理倾向性特点。本书侧重讲解激励的问题,所以把埃里克森的人格八阶段归纳为四个阶段。

第一个阶段包括埃里克森人格八阶段的前三个阶段(出生~5岁),这个阶段的重点是极度依赖双亲,培养的重要品质是想象力和意志,让小朋友有安全感,有探索、独立意识。这可促进他们长大后形成个性开朗,有主见,有行动力,主动与人交往,愿意帮助他人和寻求他人帮助的品质,这些都是自我驱动的重要行为。

第二个阶段是埃里克森的四阶段和五阶段(6—20岁),这个阶段培养相信自己,解决遇到的问题的能力。青少年阶段是人生观、价值观、世界观形成的关键时期,培养的重点是良好的学习、生活、品德习惯。

第三个阶段是埃里克森的六阶段和七阶段的前一半(20~45岁),此阶段是职业生涯的起点和人生黄金年龄段,培养的重点是爱和创造力的获得。这个阶段要恋爱、成家、繁衍,如果顺利如愿,能促进个人把理想转化为现实的能力。在工作领域,要能用行为去感染他人,激发自己和团队的创造力。

第四个阶段是埃里克森七阶段的后一半和八阶段(45~死亡),其中45~65岁是从职业黄金期到逐步退出职场的阶段,关爱品质是培养的重点,即关爱自己的身体，关爱下一代和他人的成长。这个阶段身体开始逐渐衰弱，关爱身体，能让自己充满朝气，身体好，精神面貌好，能激励自己和他人。关爱下一代能获得幸福和睦的家庭，关爱他人的成长能赢得大家的尊敬。65岁后是一个人对自己的人生是否美满的最终评价阶段，能起到示范榜样作用，勉励更多年轻人向标杆看齐。

***

讲到这里，教授建议大家结合自己的年龄区间应用埃里克森人格八阶段。教授以自己举例，他正处于第四阶段，也就是埃里克森的七阶段，他现在的人生重点是在研究激励，找到让多数人能够掌握的激励方法，培养新人和为下一代树立一个刻苦钻研、乐于分享的教师榜样。

***

自尊+控制点=成功

取得成功是很多人的奋斗目标，在成功的诸多因素中，自尊和控制点能有效驱动人向目标进军。自尊是对自我要求的评价，是自重、自爱的心理感受，也有要求他人尊重的成分，其实质是你是否喜欢现实存在的你。心理学家罗杰斯治疗的核心目的，是让来访者接受并欣赏现实的自己。顺着罗杰斯的观点，当我们适当提高自尊时，收获愉快的心情就会多一些。提高自尊，有助于提升自己的修养，愿意主动帮助他人，增大成就感。

关于自尊与对失败的反应，有研究表明，高自尊的人面对失败会依旧努力，低自尊的人面对失败则会减少再次尝试。有时低自尊的人并未遇到真正的失败，他们只要想象自己失败，就会产生不愿再尝试的消极心理。自尊心稳定的人，面对日常的麻烦事会保持良好的应对心态，自尊心稳定性差的人，往往会被遇到的麻烦影响心情。所以，我们在遇到麻烦时，要时时提醒自己，在心里面默念三遍"我是一个自尊稳定性很高的人，我肯定能处理好眼前的麻烦事：）"。提高自尊稳定性的方法很简单，日常生活工作中，自我表现好时，经常表扬自己，如"我做事就是强""我的反应最快""我今天工作效率真高""我经常做好事""我的专业能力强""我真有耐心"等。自尊有强弱之分，过强则成为虚荣心，过弱则变成自卑。

控制点理论是美国心理学家朱利安·罗特提出的。他认为相信影响事情发展和结果的关键因素是自己的努力程度，这类人的控制点在个体内部；反之，相信事情的发展和结果由外部因素所决定，相信命运和机遇都存在很大不确定性，不愿意自我负责，这类人的控制点在外部。控制点在内部的人，相信自力更生，自我负责；控制点在外部的人，受外界和他人影响较多，有点人云亦云，找不到生活的重心。控制点在内部的人成功的概率会比控制点在外部的人高很多，因为他们自信、自尊，懂得如何激励自己。

生活中，快乐的钥匙一定要放在自己手中。寻找成功的路径，取决于你用什么样的态度看待问题。乐观主义者眼中永远方法比问题多，而悲观主义者永远感觉自己总遇上问题。

***

教授总结道，心理学中由内驱动、激励人的知识点有很多，就讲到此，接下来我们要去了解心理学中由外界因素激励人的知识点，以社会心理学中的相关激励内容为主。

***

● 跟着感觉走的激励行为

跟着大家走，他们都这样做，我难道不这样做吗？随大流，社会潮流、流行时尚、名人、权威不停影响你我。个人注定会受到社会群体的影响，如何让自己在群体从众行为中了解激励他人和自己的方法呢？如何运用从众行为营造出积极向上、活力四射的企业文化、团队气氛呢？……

人属于社会

群体对我们的影响有好有坏，有促进，也有抑制。那么，个人该如何运用社会群体心理和群体行为的规律来激励自己保持乐观上进，避免随波逐流呢？

> **TIPS**
> 社会心理学是研究个体和群体的社会心理现象的心理学分支。
> 个体社会心理现象指受他人和群体制约的个人的思想、感情和行为，如人际知觉、人际吸引、社会促进和社会抑制、顺从等。
> 群体社会心理现象指群体本身特有的心理特征，如群体凝聚力、社会心理气氛、群体决策等。
> 从众行为心理指个体在群体的压力下改变个人意见而与多数人取得一致认识的行为倾向。

人属于社会，人是社会中的一分子。个人的思想、意识、言语、行为都会受社会的影响，个人的思想和言行举止也影响着社会。社会群体时时刻刻影响着个人的生活和工作，个人如果有足够的影响力、权威性，也能引导社会群体的行为。如何把社会群体中的从众行为、助长行为应用到激励组织和团队上是现在讲述的重点。

应用好从众行为

群体从众行为和社会助长行为在日常生活和工作中经常发生。先从群体从众行为讲起。从众行为是个体受到群体多数人的言行影响，从而与群体保持一致性的行为现象，它对团队和个人的激励取决于从众行为是否能调动大家的意愿。从众行为的产生主要受两方面因素影响，一是信息性社会影响，二是规范性社会影响，即个人的多数从众行为受信息准确度和群体同一规范和标准的影响。

企业的战略方向由企业领导人决定，因为领导人对行业发展趋势、宏观经济环境、企业现状等掌握的信息量都比中基层员工要多。大家跟随领导人一起干的主要原因是领导人具有权威性。领导人过去成功的案例越多，跟随者就越信任，从众行为就越强。比如近年来国内强优势企业的领导者都具备信息影响的权威性，他们能够在恰当的时间点，正确选择企业发展方向，恰当描绘企业愿景，从而赢得员工、客户、供应商、政府的支持。他们的成功，一开始都是用言行影响身旁的团队成员，然后团队成员分别影响自己身边的人，形成氛围，再影响更多人参与到当中，于是就形成从众行为。也可以说，企业文化、团队氛围一旦形成，就能影响新加入的人员。客观看待权威人士的观点，是一种智慧，权威人士在其擅长领域能保持足够的影响力，超出其擅长领域我们就要多从几个角度分析其观点的客观性和合理性。

名人效应出权威

名人效应占信息性社会影响的权重非常大，特别是专业人士的言行，对比普通人群，他们掌握知识信息的垄断权。越是知识封闭的年代，普通人群越对专业人士越崇拜，越是复杂的知识体系，普通人群越是相信权威人士的观点。比如，原始社会对巫师、祭司唯命是从；现代人对专家的观点总是牢记在心；自媒体时代，微博的大V、微信的"大号"都具有很强的社会公众影响力。

因此，对名人、专家来说，应该多传递客观真实的信息和积极向上的观点，最低标准是不要为利益方站台，故意说错误的观点。成为公众人物能获得他人的尊敬，同时多了一份激励他人的职责——你就他人的榜样。

***

听到此处，我在想，人的认识是对是错并不好判断，对人所共识的普遍真理或知识，大家能达成一致判断，但对带有未来趋势性的真理或知识，往往只有少数人能甄别掌握。也就是说，一般性真理和普通知识掌握在多数人手中，前瞻性的知识或真理掌握在少数人中。因此在听取权威人士、名人、专家建议的同时，需要培养自己独立思考的能力，运用已经掌握的知识判断决策。知识改变命运，在具备独立思维能力的条件下，知识才为我所用。

***

企业中的从众行为

规范性社会影响的从众行为，是指个体因为希望被某个群体接纳而支持这个群体时，群体对个体产生的影响。当前我国经济和社会处在双转型时期，群体从众行为十分普遍，从众行为大到炒股、炒房、考研、考公务员、创业、追星，小到为一个火烧、一份鸭脖排两小时队。

如何使从众行为产生激励作用呢？规范性从众的特征是群众共有一种行为，个体希望被群体接纳，就会受到群体影响。企业的团队气氛、企业文化是群体共有的思想行为特征，新员工适应团队习惯、企业文化快，工作开展就顺利，不适应就只能离开。热情洋溢、节奏明快的工作气氛能让人快速进入工作状态，创新、包容、拼搏、进取的企业文化，能熏陶出创新、包容、拼搏、进取的个人品质。因此，建立充满正能量、快乐、向上、创新、包容、以客户价值为导向的团队气氛和企业文化是企业激励制度的关键性目标。

企业文化是员工从众的样本，行业领先者是中小企业从众的样板。拥有深厚文化底蕴和非凡业绩的企业能吸引众多企业学习效仿，比如华为的狼性文化、通用公司的管理经验、IBM的战略、Google的创新，这些都是企业从众的最佳选择。作为中小企业的经营管理者，选择好的从众目标可以少走弯路，减少犯错的风险。

在团队和企业中建立一套能够激励大家的从众行为，团队领导者需要做良好的榜样，若想团队执行力强，领导者就得执行力强，若想要包容文化，领导者要首先做到包容。当然，领导者不是万能人，如果自己做不到，可以找一个能做到的人来当榜样，领导者要做好宣导的工作。普通员工的做法是用心用行动成为最佳实践者，逐步成长为有权威影响力的领导者。比如苹果的创始人史蒂夫·乔布斯以勇于创新和变革树立了权威性，他的继任者是在苹果工作了十余年的蒂姆·库克，库克以执着、敏锐、苛刻的领导风格逐渐树立了自己的权威影响力。优秀企业的领导者知道从众行为的关键是带头做到。华为创始人任正非的艰苦奋斗，海尔创始人张瑞敏砸冰箱要质量，是因为他们都懂得用行为去影响身边的员工，个人带动团队，团队带动企业文化，企业文化影响新人的从众过程。

冲动是"魔"还是"神"

用从众心理激励人，要懂得调动大家的情绪。简单易懂易上口的口号能快速调动群体的情绪，企业的价值观、企业的使命、企业的战略目标都可以通过口号形式表达出来，比如阿里巴巴的"让天下没有难做的生意"，三星的"激励世界，创造未来"，万科的"赞美生命，共筑城市"等。

法国社会心理学家古斯塔夫·勒庞有两句名言"群体

是情感的奴隶,找到可以让他们动心的事情和能够诱惑他们的事情,可以让你事半功倍。""群体只会干两种事——锦上添花和落井下石。群体喜欢践踏被剥夺了权力的专制者,也随时会欺压软弱者,但他们会对强权忍气吞声!"这话看起来让人不愉快,但细想,人确实极容易受到社会群体的影响。每个人都认为自己很理性,但受到社会环境影响或他人情绪感染时,其实很难坚持理性思维,取而代之的是感性思维主导人的一切行为。

人的感性思维和理性思维没有对错好坏之分,既然人受外界环境的影响是必然的,那么只有提升个人的认知水平,才可能在日新月异的现代社会,保持相对的智慧。"冲动是魔鬼,不冲动,人会丧失激情,将一事无成。"做事情需要冲劲,感性的力量能改变一个人,特别是长久待在熟悉的环境中,人很容易丧失冲劲。同时,情感的力量可以助长理性开花结果。

上面是围绕群体从众行为中的信息性和规范性进行的分析,在此我们不讨论从众行为的评价标准。

● 群体正能量

人生需要舞台,也需要观众,被关注和认可是个人获得外部群体尊敬的主要方式。从社会、群体、团队中获得关注和认可是一条我们获得互相激励的思路——我们需要他人。

"主场龙,客场虫"的真相

在体育竞技比赛中,有些运动员喜欢在比赛前向观众示意鼓掌或有节奏地拍手、喊加油,此时观众回应越及时,越响亮,运动员表现就越投入,越能超水平发挥。运动员受到观众鼓舞后,能刺激体内分泌肾上腺素,心跳加速,肌肉力量突增,就能赛出好成绩。讲课也同样,学生越用心听讲,老师讲得就越带劲。若老师讲课,学生有一半趴在桌子上,老师会越讲越没劲。比赛、讲课、演讲、表演等,观众效应最为明显,离开热情的观众,表演的效果肯定会打折扣。

足球、篮球联赛中有个说法是"主场龙,客场虫。"这是有依据的,主场作战的球队得分高的概率要高于客场队,理由很简单,主场队拥有大量的忠实球迷,球迷的呼喊声、加油声,可以让球员在比赛中一直处于兴奋状态。个人竞技项目遵循同样规律,从田径、体操、游泳、拳击比赛的成绩看,东道主的成绩均较好。

上了战场都不畏生死

再举一个共同效应现象。战场是考验勇气的地方,战争打得越激烈,越能激发双方将士不畏生死的勇气。战场上,听到冲锋号时,所有的战士都不怕牺牲,勇敢往前冲,即使胆小的战士,看到身边的战友不顾枪炮,甚至看到战友中弹倒下,他仍会勇敢冲锋。这显示群体对个人行为的影响是很大的。

工作中,我们需要团队协作,除了发挥团队成员各有所长的能力外,还需要互相影响,促进团队力量凝聚。历史上的政治家、军事家、作家、哲学家、发明家、艺术家们,想摆脱群体单靠个人成就伟业,都是不可能的,他们创造出的丰功伟绩均有群体共同活动效应的作用。

慎独VS群体激励

儒家文化提倡慎独的最高修养境界,就是要不靠别人监督,自觉控制自己的欲望,言行一致,表里如一。

慎独和社会助长行为一起应用,能带动更多人严以律己,宽以待人。在管理团队中,管理者向团队成员承诺自己的目标,明确团队目标,向大家宣布行动纲领,开诚布公地讲明自己带团队的风格,既能让大家督促自己言行一致朝着承诺目标前进,还可以带动团队形成坦诚相待的友好氛围。慎独很难,在团队中多发挥社会助长效应,是激活团队活力的重要思考方向。

社会助长效应在管理工作中可以体现为竞赛、研讨、集体头脑风暴等方式。企业内部可以组织各类团队竞赛活动，如年季月销售业绩比赛，研发项目竞赛，竞赛的准则是领导者要参与其中，定期让小组代表互动交流分享经验，各竞赛小组内部每周都有一次深入的总结交流会，时间控制在2～3小时。小组交流分享以相互鼓励启发的方式进行，尽量不要批判，对不合理的建议，也要用引导、启发的方式来解决，比如可以说："这个主意不错，是不是可以考虑在预算受限的情况下如何解决。"另外，男女搭配的讨论工作效率要高。

三个和尚没水喝

与社会助长相反的群体效益是社会抑制或社会惰化，这是一种个体在完成某种工作或活动时，由于他人在场或与他人一起活动而造成行为效率降低的现象。"一个和尚挑水喝，两个和尚抬水喝，三个和尚没水喝"就是典型的社会抑制案例。

企业管理中经常出现员工懈怠和消极工作的现象，不及时纠正，很容易造成整个团队的懈怠消极。因此，团队管理者要经常倾听来自不同岗位员工的心声，了解他们的工作情况，了解他们需要管理者和企业做什么。如果团队中出现做多错多、不做不错的现象，其本质就是奖罚不公、管理过严或过松，解决方法是领导者了解实情，制订公正公平的奖罚制度和松严适度的管理制度来激励员工的工作积极性。

社会抑制还体现为有人在场时我们会感觉不自在或紧张。比如，我们第一次当众表演、演讲时，会不自在、紧张、害怕，但随着当众表演的次数增多，我们就会逐渐习惯，能得心应手地表演后，就会喜欢上舞台。在心理学上，个体在熟悉的情景中活动，心理体验很舒服、放松、稳定、有掌控感、很有安全感，这个情景就是舒适区。在陌生的环境中，人会感觉紧张，一旦习惯后又会形成新的舒适区。人喜欢待在舒适区，这样容易心神宁静，但长期待在同一舒适区，又容易使人不愿意尝试新环境，渐渐形成温水煮蛙的局面。走出舒适区能摆脱社会抑制的影响，所以不停扩大自己舒适区的范围是成功自我突破的标志之一。克服演讲紧张最好的方式是勤学苦练发音、朗读、写作。管理工作也是如此，初当管理者肯定会面临各种问题，用心观察学习，以身作则，带头做到，自然懂得管理。

TIPS

他人在场对个人内驱力唤起是有帮助的，能够提升活动效能。当有对我们活动感兴趣的观众在场时，他们会对我们起到激励、唤醒作用。随着唤起水平的增加，我们的优势反应，即特定情境下最容易做出的那个反应，出现重复的频率也随之提高。技术熟练的人有他人在场时，表现会更好，形成社会助长现象。但对技术不熟练的人，效果相反，形成社会抑制现象。

明星需要粉丝激励,领导需要群众鼓舞

迈克尔·杰克逊是公认的流行歌王,他的歌曲和舞蹈能激发人的潜能,甚至让人歇斯底里。1992年迈克尔·杰克逊的世界巡演之罗马尼亚布加勒斯特演唱会,全场有7.2万听众,还有许多歌迷在剧场外,演唱会由军队来维持秩序。据媒体报道,此次演唱会一共有5000人当场昏倒和情绪失控。

歌手与歌迷的互动证明群体心理对我们能力的发挥有着催化作用,离开社会群体个体将变得十分渺小,世界上没人想成为"没有粉丝的明星,没有群众的领袖。"大家的微博微信,都想拥有更多的粉丝,每次更新都希望收到更多个"赞",这些都是普通人在圆明星梦。集自媒体和社交功能于一身的微博、微信能迅速普及,就是抓住了大家需要人关注认可的需求心理,也就是说,自媒体的迅速发展遵循了群体心理学的规律。

在群体中,耳濡目染各种正能量,正向思维,正面鼓励,人自然会更积极。为了让自己变得更优秀,就需要我们不停接触积极的人和事,激励我们奋发向上。应用群体心理学是我们激励团队、组织的重要思考方向。

***

"小小少年,很少烦恼,眼望四周阳光照。小小少年,很少烦恼,但愿永远这样好。一年一年时间飞跑,小小少年在长高。"

一首《小小少年》,让我们的记忆回到童年。童年是人一生中,离快乐最近、离忧愁最远的美好年龄。回味童年总是让人心旷神怡。

教授沉默后说道:"听这首歌曲,相信大家会回忆起童年往事。歌曲、音乐,能使我们的大脑散发出闪闪光芒,随时与创新灵感融合,产生意想不到的妙点子。它们犹如种子发芽,破壳之后就能持续成长。它们能带给我们宁静,让我们静听生命之花绽开的细微声响。它们是大自然生物共同的语言。"

教授话题一转,讲道:"歌曲能引发大家美好的回忆,如果巴甫洛夫先生能在场,他肯定说这是条件反射的结果。歌曲里的美妙音符,通过听觉神经元传递到大脑中枢神经,释放多巴胺使我们有美好的体验,并存储在大脑里,只要遇到合适的情境就能打开记忆之门。乐观的人,往事多是美好的。从体内走向体外的感觉,激励之旅将由内而外带我们进入环境对人的激励内容。"

***

第四章　奇妙的环境激励

大自然是美丽的化身,是人类的造物主,生命起源于大自然,也终止于大自然。敬畏自然,是人类发展永恒的主题。那么,该如何从大自然中获得激励呢?

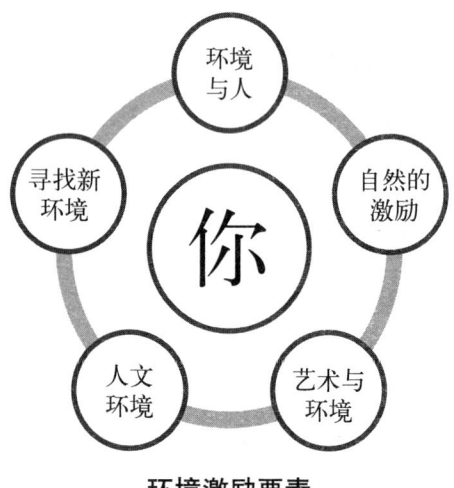

环境激励要素

● 环境与人

不仅仅是我们生活在大数据、互联网、人工智能、火星移民、智慧城市时代的人容易受环境的影响,环境一直就有激励人的作用……

第四章 奇妙的环境激励

环境一直在激励我们

"世界那么大,我想去看看。"是被网友热评的一位教师的辞职信,无论褒贬,有一点可以确定,人在同一环境中太久容易产生厌倦感,换个环境,意味着能激活自己的动力。经常听到有人说:"换个工作环境,发展会顺畅,干劲会增强。"环境对人的激励很关键,环境能使人沉沦,也能使人焕发生机。

环境激励的核心原理是,人有条件反射的生理性特点,外在环境能诱发人特定的思维和行为反射。在人类进化过程中,人需要不断适应自然环境,这说明环境本身就是天然的反射信号源(刺激源),因此利用好身边各种环境资源,就等于利用好身边的激励物,环境能让你活力无限。

成长需要好环境

环境对人的影响是方方面面的。近朱者赤,近墨者黑,环境影响人,可使人变好也可以使人变坏,"孟母三迁"的故事说的正是这个道理。环境激励人,是指我们可以选择或创造一个让人积极向上生活、工作、成长的环境,这个环境包括自然环境和人文环境。环境对人的激励作用体现在转换环境后人能够感受到优良环境带来的朝气与活力。

● 自然的激励

自然的美,是最纯朴的美,这种美能带领我们进入梦想的天空,能带给我们新的体验和新的激励方法……

自然的美

美丽的大自然能让人产生满足感和愉悦舒服感,你感到美,就体验到了生命的珍贵与甜美。美感是我们大脑的第一信号系统和第二信号系统接受外界刺激反应生成的。只要你步入自然界,就可以享受自然美,享受你行动所带来的美好体验。美激励你立即行动,美提醒你别总是停留在固定熟悉的环境里,它不能带给您新奇感,只有走出去,才会有变化……

遇见美就遇见快乐。大自然中的清新空气是奇妙的天然兴奋剂,蓝天白云,金色海滩,湖光山色,茫茫草原,冰川雪地,古树参天,鸟语花香,漫游其中感受天人合一的境界,能让我们心情舒畅、兴奋,能激发思维的创造力。

好环境要常新

人长期处在不良的自然环境中容易身心疲劳、精神压抑、免疫力低,也就容易患病。假如我们整天生活在没有新鲜空气、看不到蓝天白云的环境里，我们的心情能愉快、身体会健康吗？答案是肯定不会。

优雅清新的工作和生活环境能激发我们的活力，但在现实生活中，只有少部分人能自由选择不同的城市居住和生活，大部分人都是长期住在同一个城市里。即便生活在环境良好的宜居城市，时间一长久，熟悉的成长、学习、工作、生活环境也会使你觉得缺乏新鲜感。因此，懂得营造让人感觉清新、常变常新的环境很重要。

常新是我们对美好生活环境的一个新指标，常新能激活我们对生活的热爱。常新就要求我们常变，常变有两种思路，一种是变换不同的地方，一种是改变身边的环境。

新鲜感就是激励

前面讲过，人的大脑有个奖赏中心，遇到高兴的事情和新鲜事物就分泌多巴胺等神经质和激素让我们产生兴奋、愉悦感。但同一物质刺激引起的兴奋与多巴胺分泌，呈递减趋势，这是由细胞个体适应性和进化性造成的。所谓适应性指，只要时间一久，个体生物对事物和环境都适应了，就不再有新鲜感。所以在进化中，必须要有足够量的新鲜事物来促进人体内的各种激素分泌，以提升适应环境变化的能力。不断适应新环境，于是人越来越聪明。

在我们的现实生活中，环境变换，人的思维和行为就变换，无形之中就是在锻炼提升我们的语言能力、社交能力、换位思考能力、跨文化思维能力、快速应对能力，环境能推动我们长期学习。

经常处身新环境能使人保持精神兴奋，对周边环境的关注度提升，主动学习适应新环境所需要的知识，而由此见闻到的新事物能又让我们产生新的体会和想法。比如，不同气候地貌给我们的感官体验是不同的，登高望远能凝聚雄心壮志，大海中乘风破浪能锤炼毅力。

***

教授往讲台前面走，沉默三五秒钟，接着讲：

"能经常在世界各地旅游和工作的人只是少数，多数人因为经济条件和工作性质只能长期生活在同一区域。以目前的科技水平，人与自然的关系仍以适应为主。既然不能改变大的自然环境，那么能不能采用改变身边环境的思路呢？"

我一听，不由自主提振精神。我想听课的人当中，肯定有不少人有类似的想法。想改变大环境很夸张，但改变身边的环境或许你我能够做到。

***

● 艺术与身边环境激励

艺术是生活的连通器，它把美、创新、哲学连接在一起。当身边充满艺术气息时，你随时都能感受到激励，它引领你为梦想不懈努力,这就是艺术改变身边环境的激励思路。Google、苹果等企业都会通过营造艺术性的办公环境激发员工创意、提高工作乐趣和效率。

个人如何改造身边的环境呢?也许艺术真的可以帮助我们用少量的资源轻松改变身边的空间环境。

艺术的英文是art,这个词源于拉丁语ars,大概意思为"技巧",现在衍生出更广泛的含义。我们常说的八大艺术包括文学、绘画、音乐、舞蹈、雕塑、建筑、戏剧与电影。传统上艺术分为文学艺术(诗歌、戏剧、小说等)、视觉艺术(绘画、素描、雕塑等)、造型艺术(雕塑、造型)、装饰艺术(环境、工业、家居等)和表演艺术(戏剧、舞蹈、音乐、相声等)。

艺术与新鲜感、与身边的环境有什么联系呢?创新能产生新鲜感,而艺术则是创新的灵感来源。改变身边环境最简便的方法,就是使用艺术手段。

创意离不开艺术

每个人对艺术的理解都不同,艺术可以让我们在局部的人造环境中享受自然的和谐美。建筑设计、绘画、雕塑、文学、戏曲、音乐、舞蹈均是通过自身的艺术特性给人带来真、善、美的心灵体验。阅读文学作品,欣赏戏剧、影视剧,能让我们融入故事情节当中,一起经历人物的喜怒哀乐。欣赏字画、雕塑、摄影、设计艺术作品，能让我们体验不一样的视觉新鲜感。这种新鲜感能让我们过去一直在想的断断续续的念头、想法得到重现，让我们延伸思考，并牢牢记在心中，甚至写在纸上，做出实样，这就是灵感再现。

人们喜欢重复这种体验，就如同小孩子喜欢多次重复一个能使他开心快乐的简单动作。在成人的世界中，艺术总能带给我们美好的感受，总能唤醒沉睡在我们内心深处的灵性与潜能。大脑当中，隐隐约约，朦朦胧胧，若有若无的记忆和感触，能通过艺术的启示再现出来，我们能够瞬间捕捉住它们，从而产生灵感。

艺术是生活的连通器

童年的我们都喜欢躺着、坐着静静看蓝天中的白云，看风把云吹动了，吹跑了，吹没了，又吹来了。

我们可以跟着小孩一起看蓝天白云，一起数星星，重新体验童年的乐趣，会有意想不到的收获。只要你愿意尝试，也许某一天类似苹果与牛顿的故事会发生在你身上。这一次掉下来的不一定是苹果，有可能是一束七彩阳光、一朵花、一片树叶，也有可能你只是听到一首歌曲、一个故事、一件往事，它会激发你产生无限遐想，带着你捕捉到心中灵感。

环境在变，生活在变，艺术在变，人需要适应生活的环境，所以环境变，人就得变，人对世界的看法就会发生变化。艺术创作的目的是给人带来真、善、美的情感体验，突破思想上的束缚。

艺术是工作和生活的连通器。艺术的魅力在于，它总能帮你找到突破原有的思维边界，不怕不知道，就怕想不到，在艺术的空间里，总有无尽的方法解答未知的世界。

一起动手装饰办公室

了解了艺术的价值和作用，我们就容易理解为什么Google公司的办公环境总是经常变化。条件反射中的第一信号源的刺激永远比第二信号源的刺激要强，第一信号源是物体或事件的直接刺激，第二信号源由图文信号组成。图文信号当中，图片比文字刺激要强。Google公司有四周墙壁布满软垫的会议室，有带大圆沙发的图书室，有动感十足的健身房……倡导轻松愉快工作环境的Google公司，是创新文化的体现。创新、简约、科技、活泼、开放、自然、生态是当今科技型企业办公环境的主流风格。

办公场所的装饰要突出企业文化、活力、效率、创新四个主要理念。符合企业整体的办公环境布局，各部门都可以尝试自己动手施工，可以几年换一次也可以一年一次。当然有人会抱怨太忙，经费有限，但实际上，一个人每天高效工作四五个小时，就可以应付当天的工作，其余的时间和精力大多在拖拉犹豫中蒸发了。自己动手做，能发挥各自擅长的技能，增加团队活力，能调节工作节奏，让大脑得到休息，说不定在敲钉子时灵光一闪，就能想出对客户的解决方案。

只要我们稍微用心，就能找到许多改造生活和工作场所环境的方法。置换空间法、旅行办公、租用酒店办公、部门轮换办公场所都是可以考虑的方法。人在不同的环境中，会产生不同的思路和想法，"人挪活，树挪死"这句老话有一定科学依据。

居家环境常住常新

家和工作地点是我们两个最主要的活动场所。只要经济条件允许，大家都会选择环境优越、小区服务齐全、面积大、装饰美观的房子居住，但住久了还是会审美疲劳。

采用艺术化的设计可以还我们一个美丽舒适的居住环境，而且费用较低，具体做法如下。

第一，变化大件物品的位置。这可以给人面貌一新的感觉，比如变化客厅沙发、茶几、桌椅的位置，餐厅桌椅方向等。

第二，定期整理打扫。每个人都希望拥有干净、整洁的居住环境。好的居住环境可以让人保持良好的精神状态。不要怕浪费时间，每周花两三个小时就能拥有一周的整洁。

第三，重新装修。重新装修就如同搬了新家，如果觉得费用和工程量大，那就自己做个简单的房间装修，比如刷墙、贴壁纸、更换门窗橱柜等，通常建议五至十年一次，或以个人喜好为准。我们知道，重新装修是很多商家的策略，服装店、餐厅、饭店、理发店、美容店都会定期装修改变风格以吸引顾客。喜新厌旧，是人类的天性之一。

第四，更换或修理陈旧、不好用的物品。舍不得扔掉的物品，可以多换几人收拾舍去，不同的人判断标准不同，留下共同认为有用的物品，其他的处理掉。

第五，画龙点睛的装饰。这是真正体现艺术的部分。艺术装饰的用品和方法非常多，花、草、宠物、字画都可以。装饰品可以购买，可以自己动手做，自己动手做会更有成就感。购买艺术品时，在经济条件范围内，尽可能买品质好的，同时要以看得舒服喜欢为标准。

有关室内装饰设计，我们不需要很专业，但平时要多看书或多看展览提升自己的艺术鉴赏能力。

必须承认，装饰装修确实是令人头痛和麻烦的事，费钱、费力、费时，有些人就是不愿意挪动，有些人则喜欢熟悉的环境，觉得熟悉的地方有安全感。习惯容易产生惰性，因此如果企业能够一开始就形成两三年就变换一次办公环境的文化，大家就会更乐意接受。居家环境也一样，养成经常收拾整理装饰居家环境的习惯，就不会觉得麻烦了。

***

教授鼓励大家回去就立即尝试，花几天时间收拾整理，就能拥有两三年较好的居住、办公环境，是非常值得的。

嗯，我十分认同教授讲解的环境改造理念，回去后，我得把家里和办公室的环境重新收拾布置一下。新的环境确实能让人产生新鲜感，能激发人的活力和创造力。

***

㈣ 人文环境

谈到人文环境如何激发我们的精神面貌，首先得了解人文环境是什么。简单讲，人文环境是指因人类活动而形成的环境，包括文化观念、认知态度、价值信仰等内容。企业内的人文环境是企业文化的重要组成内容。

人文环境氛围的影响

环境能影响人，激发人，约束人，在特定的人文环境中，人更易产生从众心理。多数人在图书馆看书比自己在家看书效率高，正是因为图书馆环境安静整洁，大家都在读书学习，我们自然更容易进入阅读状态。想要达到好的激励效果,是离不开人文环境背景的。在商业圈的街头,身处健步如飞的人群中,自然会让你的步伐加大加快,快节奏的工作气氛让人充满激情。身处琳琅满目的百货商场,能激发你我产生多赚钱的欲望。当情绪低落、意志消沉时,到快节奏的商业中心走走,能迅速恢复斗志。

因此,多走动是体验人文环境的最好方式,多走动能看到许多原本不知道不了解的事;能感受不同的人和事带来的真实体验;多走动能感受活在当下的快乐,能发现人世间的美好是因为有了梦想。

读万卷书,行万里路

喜欢旅游的朋友,多数是喜欢人在旅途的感觉,浏览各地美景,体验风土人情,感受生活的美好,让情怀更浓,这就是人文景观所带来的激励效果。

人文景观是在自然景观的基础上叠加了文化特质而构成的景观。游走于名胜古迹中,能激发我们内心对美好生活的追求。能让你我借力名人伟人的卓越事迹克服困难,达成目标。

"读万卷书,行万里路""知行合一"是学习成长的最高境界。当我们流连忘返各类人文景观时,也是在实践与印证自己的理想。

㊄ 寻找新环境永不止步

美、新鲜感、艺术、人文都是人通过寻找新环境产生的积极快乐的体验感。

寻找新环境永不止步

随着科技的发展,太空游即将成为现实,这表达了人类愿意不断探索与尝试新的环境生存。

切换时空环境是一种有效的恢复激情的方法,这遵循了人体兴奋因子——多巴胺需要有新鲜事物来刺激才会持续分泌的原理。走出自我世界,去体验人生需要奋斗的意义,在旅途中寻找灵感,坚定理想信念。现在就放下思想包袱,回到大自然中去,积蓄能量,重振信心,昂首阔步迈向目标。

***

教授总结这一章的内容:从环境影响人的思想和行为中归纳出与激励相关的内容,从自然环境、人文环境两个方向综合叙述。先从身边的环境开讲,以新鲜感和艺术为激励思考的方向,鼓励来改变日常居住和工作的环境。接着讲人文环境,通过行万里路来感受人文景观对人的激励,参观不同文化背景,不同历史年代的人文景观,能汲取先人的智慧和勇气。"山

第四章 奇妙的环境激励

不过来,我就过去",总有办法让自己置身于美好的环境里,带上你的梦想,现在就出发,过程中的美景会激发你奋勇直前,直至找到属于你的幸福。向前迈出步伐,推开窗户,你能发现阳光就在眼前,即使是阴天、雨雪天、黑夜,你也可以嗅到窗外新鲜的空气芳香味、听到雨滴声、看到雪花舞动,感知黑夜带来的宁静,你一定能获得宇宙万物给予的力量,因为你是人类,人类的身体中,就带有奋发向上的基因。这是命中注定的,你只要尝试稍微动一动,就可以点燃内心的激情。

大家听到此处,轻轻地鼓掌,讲得太精彩了。教授点头示意,表示对大家的感谢。

对"宅男宅女",喜欢在熟悉的环境里,喜欢待在舒适区不愿意变化的人,采用环境激励最有效,走出去多看看,新鲜事物将激励你不断向前走。现在我们就一起向前走,进入制度激励的学习。

***

第五章　制度激发干劲

制度和规则是一对孪生兄弟。制度是人类社会的竞争规则，在竞争中，谁掌控规则制订权，谁就能独领风骚，同理得出，制度能改变人类社会竞争规则，也就能激励人参与到竞争中来。如何实现对新生代知识型员工的长效激励？创新激励、创新变革、资源配置、财富共享能带给我们多少激动人心，实现梦想的启示呢？

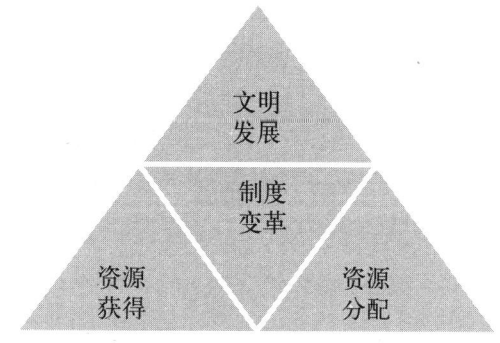

制度激励要点

● 制度的力量

制度的力量在于调动多数人的积极性，提高劳动效率。制度创新的力量甚至可以超过科技创新的力量，因为制度可以文明规范人类社会秩序，最大限度激发人的创造力。

制度创新提升生产效率

激励课程的最后一个部分讲制度，为什么把制度单独摘出来讲呢？唯一的目的是强调制度的重要性。人需要不断激励才能有持续动力，而制度可以做到这一点。在竞争中，谁掌握规则的制订权，谁就占据主导权，同理，谁想激活一大群人的干劲，都得从制度入手。每次社会快速发展，企业转型变革成功，都是突破了原有的制度边界，创新制度，激活了大家的创造力。

制度改变社会，推动人类文明发展。制度是要求大家共同遵守的办事规程或行动准则，也指在一定历史条件下形成的法令、礼俗等规范准则。制度分国家层面、组织层面和团体层面，不同层面的制度要求各不相同。但大到国家层面的社会制度、法律制度、政策制度，小到企业、部门、班组层面的规章制度，都要求每一个人遵守，否则就会受到惩罚。

希望大家记住"制度创新是解放生产力的法宝，提高生产效率最有效的方法是制度创新。"制度创新的思路是逐步解除阶层之间，利益关系人之间的矛盾，使各阶层、利益关系人达成一致，和谐相处。制度能教大家用简单高效的方式处理利益和人际关系，教大家把精力聚焦在提升劳动效率上。规章制度能规范人的行为，能使组织拥有整体协作能力。有制度就有安全保障，可以解决各种执行问题，避免利益纠纷，使大家把精力用在目标达成上。

制度如何影响我们

了解制度对人的影响，就能理解制度的创新与变革最能提高生产效率的逻辑。制度创新能解放人的思想，思想开放能带来新技术新方法。从原始社会到现代社会，人类文明五六千年的发展历史中，每一次社会大变革大飞跃，都是社会制度发生了重大变革。社会制度要适应生产力的发展规律，社会制度和生产力互相影响，当生产力快速发展，社会制度跟不上，不能保障生产力的发展时，就会制约生产力的发展，民众就会产生不满，从而引发社会变革。但若社会制度太超前，生产力跟不上制度的发展，则会造成制度的无效。

企业的管理也如此，企业制度跟不上行业发展、人才流动、管理发展趋势，企业早晚会被竞争对手淘汰。比如，我们今天不能还延用科学管理之父泰勒缺乏人文关怀的管理方式，而必须要调整企业的管理制度，激发更多员工主动参与企业的生产经营活动。我们需要更多激发千禧一代年轻人的管理制度和方法，时代永不止步，制度的创新也不能止步。

制度创新永无止境

制度的创新与改革，最大的阻力是享有制度隐性权力的既得利益者不愿意放弃手中的权力。他们会以各种理由，制造各种麻烦来阻碍变革。为减少因变革引起的矛盾，减少改革的阻力，采用改良的方式制订出符合利益各方的好制度，是我们制度创新的思路。每个人都想占有优势资源，都想成为受益者，都想有特权，所以制度创新需要勇于向自己开刀。制度有双面性，它既是公平分配资源的机制，也是阻止他人一起分享资源的保护墙。在公平公正的制度下，采取渐进式改革，处理好资源获得、资源分配问题，有助于减少摩擦，促进健康发展。

制度对企业发展的影响也是一样，好的制度能激发员工活力，提高企业生产效率。西方商业在近代能够引领全球，靠的就是现代化企业运营机制。我们今天的科技创新水平仍落后于欧美日等国，原因之一是缺乏有效的人才激励制度，没有制度保障，大家都不能踏踏实实搞科技创新。

某次论坛上，腾讯公司高级副总裁，人力资源总监奚丹曾谈到腾讯人才管理之道。回顾多年发展过程，从人才管理激励制度角度，腾讯一是有从全球引进优秀人才的制度，二是公司拥有创新创业的内部环境和激励机构。腾讯坚持在全球范围内扫描学术界、工业界的顶尖人才，与他们建立连接，通过交流分享、合作研究借力全球智慧。并通过"活水计划""名品堂""开普勒计划"等一系列创新项目，使优秀人才充分释放活力和能量，以创业心态成就自己。

2012年底，腾讯推出"活水计划"，所有在当前岗位工作满一年，且绩效达标的员工都可以应聘公司任意团队的工作机会。"活水计划"旨在让员工能自由选择让自己最有激情、最能发挥价值的平台。微信团队引进人才的60%来自内部活水，加速了微信的敏捷创新和高速成长。内部创业项目立项通过，即能获得公司的资金、人力支持，项目研发成功，项目成员能获得可观的奖金收益。

腾讯人才激励制度的创新和精细运营，成就了企业的持续成功。

企业的生存法则只有一条——向客户提供有竞争价值的产品或服务，因此企业内部必须有支持创新研发新产品的激励制度。

● 资源获得与分配

经营好企业,最简单的方法就是抓两头,即企业的资源获得和资源分配,再简单点说,就是搞好赚钱和分钱这两块的工作。调动人员的积极性,也难也容易,关键看经营者的财富观。

财富观决定企业发展

首先看企业如何获得资源,提高企业的利润率和利润额,然后是如何分配资源,即分配企业所得利润。这两个问题是企业经营活动的中心,企业制度重点是围绕赢利与利润分配来制订的。

企业在制订制度时,受国家制度的限定和影响,在遵守法律法规的前提下,企业又有很大的灵活性和空间。

如果你是企业的经营管理者,有足够的远见和胸怀,有与各利益方共赢的财富观,完全可以制订一套有前瞻性的企业制度来激活大家的干劲。如果你能用超出同代人的视野去思考和行动,能看得到远方,并采取与当下社会形势、市场趋势、经营管理相匹配的方法,你就能找到一条让企业持续成长的经营思路。

做大企业靠激励制度

企业的经营管理制度对激励员工的影响很直接,与所有的制度创新一样,关键是需要突破制度受益人的权益安全线,找到一条共赢的发展道路。安全,对谁都很重要,有段话一针见血地指出了安全的内涵:"我们提升自己的能力,是为超越他人,也是为摆脱别人对自己的赶超。为此,我们会寻找各种可能的方法让自己保持第一,巧妙地设置各种壁垒,防止他人超越自己。因为每一个人都想成为王,但世上王只有一个。为了合理合法地规范我们的生存环境,才有各式各样的社会制度,制度是矛盾的统一体。社会资源有限,人的欲望又是无穷无尽,每个人都希望过得更好。如何找到一个符合大家共同发展共同实现各自理想,满足人们不同需求的制度呢?变革永远是任重道远。我们始终是因困在既得利益的牢笼中,只有坚定不移采取共同进步发展思想!才可能持续不断地创新和变革。"

大家都知道华为的员工持股计划。在华为的股份中,任正非只持有不到1%,其他股份都由员工持股会代表员工持有。号称日本"经营四圣"之一的稻盛和夫创立的京瓷也采用人人都有股份的股权激励方法。苹果、微软、谷歌、脸书等科技型公司,也都有自己一套完善的员工晋升分配激励制度。许多成功的独角兽型公司都喜欢采用合伙人制度,按照贡献大小分不同等级的合伙人。无论采用哪种激励制度，目的只有一个，激活大家的工作热情和创造力。

企业分配制度的种类

企业的经营活动围绕利润的获得方式和利润分配方式展开，所以企业的激励制度也针对这两个活动过程制订。企业利润依靠企业向社会（消费者）提供的产品和服务而获得，企业的产品价值高，消费者愿意购买，企业的利润就高。企业经营活动的核心是创造有价值的产品和服务，在企业里，谁能成为创造产品和服务的核心人才，谁就是企业的核心人物，在利润分配中就能享有优先权。

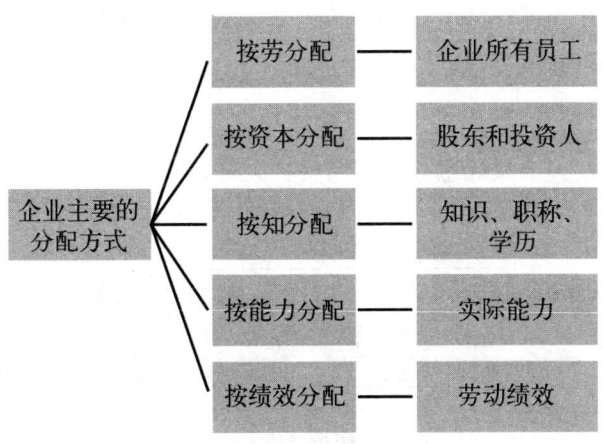

企业主要分配方式

企业利润的分配方式是社会分配方式的一部分，包括按劳分配（针对企业所有员工）、按资本分配（针对股东和投资人）、按知分配（知识、职称、学历）、按能力分配（实际能力）和按绩效分配（劳动绩效）五种。企业中最常用的是按绩效分配和按资本分配。企业利润分配形式以薪酬体现，薪酬包括经济性薪酬和非经济性薪酬两大类。

经济性薪酬分为货币薪酬（即短期薪酬或固定薪酬）、风险薪酬、股权激励（即长期激励）和在职消费（即权力收益，如配司机、拥有航班头等舱、商务舱、高铁一等座、五星酒店等消费权限）。其中，固定薪酬是实施薪酬激励机制的基本保证，以固定薪酬额为基数按月发放，形式上与月薪一致。

非经济性薪酬包括个人对企业及工作本身的满意度，包括可能的发展机会、社会地位、工作环境、工作条件、工作时长、个人价值的实现、人事关系、社会认同度、带薪假期、亲属优惠、培训考察机会等。

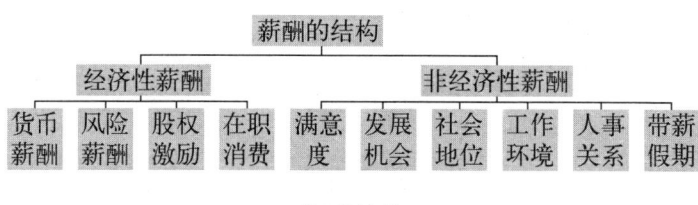

薪酬结构

对不同级别的员工，有不同的分配方式。基层员工的薪酬一般由工资、奖金、补助、福利组成，中高层增加股权、特别经费等项目。现在很多企业为激励员工，把全体员工纳入投资人的范畴，员工就可以得到两份薪酬，一份是岗位薪酬，另一份是企业净利润分配。有些上市企业推行员工持股计划，目的是调动员工的工作积极性。而对高管，采用股权激励制度非常普遍。这种转换的关键是企业不再简单将员工的薪酬列入经营成本，还把员工定义为参与利润分配的角色。员工也不再单一把自己定位在劳动获得报酬的角色，而是参与到企业的经营活动中来，可以与投资人一起分享企业的利润。

上市公司、股份制、合伙人制、员工持股、高管股权激励都是制度上的创新和改革，最大化激励企业所有成员一起主动加入企业的生产经营活动中。

企业的经营者要明白，钱少没法分，钱多才好分；钱多人多，每人分到的少；平均分，核心员工感觉不公平；不平均分，普通员工认为自己的价值不大，工作不主动；多分给自己，又会削弱他人的积极性。所以，如何制订合理的分配机制，是企业长期面临的难题，但这并不是阻碍我们设计更好的分配制度的理由，任何事情，都是问题在前，方法在后。依据各自组织和企业的运营特点，从核心岗位、市场、人才、研发方向琢磨，肯定能设计出一套有效的激励制度。当然这里面临最大的挑战是现有的分配制度受益人，要有魄力果断放弃部分好处，只有饼做大了，大家才能多分。

财富共享,责任共担!

企业利润的获得和分配是企业制订激励制度的思考起始点,激励制度的目的是吸引员工积极主动加入生产经营活动,使员工拥有主人翁精神,让员工认知"我是企业中的一员,我是股东之一,我要处处为企业着想,企业的财富和利润不再只属于投资人,而属于所有员工!"只有做到财富共享,责任共担,企业才能持续成长。

***

当我听到"公司财富共享,责任共担!"时,感觉眼前一亮,这可能是许多中小企业未来的管理趋势。结合教授提到制度创新和变革在于突破既得利益群体的安全线来思考,如果放在我身上,能不能做到呢?企业财富共享,的确是一个很好的设想,也是员工最希望的。企业的财富是所有员工共同创造的,理应是大家所有。教授讲企业利润的获得和分配方式时,在分配方式中,企业按劳动报酬和投资回报两种方式分配,将员工纳入合伙人和股东中才能分到投资收益。设计合理的分工分钱方法,确实不好下手,每个人的能力、自我价值认知不同,结果就不相同,很难做到绝对公平。一大堆的难点,真是无从下手。只感觉愿望很美好,实现很困难。但是我相信教授说得对,如果有足够的远见,完全可以制订一套超出自己所处年代、阶层的资源获得和分配制度,这就找到了一条让企业持续成长的经营思路。超出同时代的人的观念和想法，才是社会创新和变革的力量。

***

企业可以多制订有针对性的激励制度，包括职能部门的绩效激励制度、个人的激励方法、团队的激励制度。实现方法要灵活，只要能调动大家的工作热情，都可以。可以借鉴马斯洛的需求层次理论，来制订促进创新产品创新服务的奖励。促进销售产品、促进企业科学管理、促进大家和睦相处、促进大家省心省力工作的制度，这都属于激励制度的范畴。

要开发新产品可制订内部创新创业的激励制度，满足员工产品创新与创业愿望。员工有好的项目思路，经团队讨论并确认可行，企业提供研发经费，与员工达成共担收益和风险分配的协议，鼓励员工内部创新创业。市场开发可以参考内部代理制和承包制，即产权和经营权分开管理，这并不是倡导公司内部私有化，而是提高大家共同参与的积极性。稻盛和夫提出的阿米巴经营，核心是把企业的各个主要经营环节变成内部独立核算的经营单位以调动所有员工主动参与企业的经营活动。

无论企业采用何种管理制度，都要把重心放在突破现有的制度壁垒，制订符合个人、组织利益最大化的制度上。制度是人类创新的思考源泉，制度创新与变革的过程，会伴随着科技革命、生产效率大幅提升、物质高度发达、人类的文明程度大幅提高。只有不断突破既得利益群体的阻碍，才有可能带动组织整体效益的提升。打破阶层固化，促进阶层流动，人才流动才是社会发展的动力，才是制度创新的核心思考内容。

第六章 激励小集结

激励理论五模块

激励课程进入总结阶段，前面所讲的管理学、人体神经学、心理学、环境和制度五个知识点均以激励为中心展开阐述。

第一章以管理学中的激励理论为主线，梳理了一百多年前诺贝尔生理学奖获得者巴甫洛夫的条件反射理论，斯金纳的强化理论，人本主义学者马斯洛的需求层次理论，班杜拉的自我效能理论和米哈里·契克森米哈赖的心流体验理论。

第二章从人体神经生理角度探讨大脑和神经系统是如

何感受快乐。人有快乐感,精气神就足,就能激发自己和他人。人高兴时,神经系统会分泌一种叫多巴胺的神经递质,它使人感到快乐和兴奋。所有成瘾性行为、兴奋感、快乐感都与由脑中的奖赏中心有关。抑郁症、慢性病、免疫力低、胃病、神经性皮炎、失眠症都与人的情绪波动有关,人情绪起伏又与内分泌和植物神经有关。想拥有好的精神面貌,一定要注意情绪对内分泌和植物神经的影响,坚持锻炼身体有助于植物神经自动调节内分泌系统。

第三章是从心理学方向讲解激励。激励也可叫内驱力,从心理学能看清个人自我激励的心理、行为的形成过程,以自我、本我、超我、欲望、自尊与控制点等概念来证明自我激励有很多种方法,只要你愿意去做,肯定行!经常回味童年的梦想、青少年的志向,能让你我找回向往美好未来的初心。人有自然属性和社会属性,每一个人都受他人的影响,也影响着他人。从众行为、社会助长、社会抑制,都表明社会群体对个人行为的影响,它是企业构建文化的重要部分。

第四章讲解如何从环境中获得激励。人类生存离不开优良的环境,"触景生情"说明环境会随时影响我们的感受。自然界中的阳光、空气、大地、山河、花草木、虫鸟兽构成自然美,我们每天醒来就能接触。艺术点缀生活,点亮身边的环境,学会用艺术装扮家和工作场所,能让我们体验环境变化产生的新鲜感。人文环境因人的活动产生,"读万卷书,行万里路"体验先人们的勤劳与智慧,饱览世界大好美景,让身心回归自然放松状态,能激励自己热爱生活。对新环境的向往,激励着我们不断探索求知。

第五章是从制度看激励。制度的创新和变革最能带动生产率提升。面对既定资源,如何做到公平公正分配是制订激励制度的关键。企业激励制度可以从利润获得和分配两个方向入手。最后,我们提出了共享财富的经营理念。

***

课程到此告一段落,教室中响起热烈的掌声,教授向大家点头示意。

在回家的路上,我有一种立刻去行动的冲动,但我明白,人要突围原来的思维和行为习惯,需要非常强的自我驱动力和外界环境的帮助。正如教授所讲,激励要由内而外,自我驱动力是内在的激励,它是人的心理动能和身体力量形成的合力,外在的激励力量是外界环境和社会制度构组的客观激励因素。

此刻,我选择了——每一天都是一个新的开始!继续前行,学激励,用激励……

***

下篇　激励的实践

第七章　自我激励

笛卡尔说"我思故我在",寻找存在感,实现自我的存在价值,是一生都要做的事。请跟我来,一起进入激励的实践篇,看看激励是谁说了算,一起听听我的朋友春来创业成长中的激励故事。学好方法,从这里,出发……

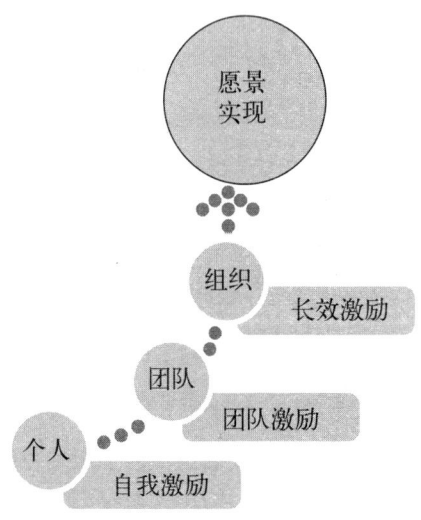

成功激励

❶ 激励从自己开始

古语有云:"人不率,顺不从;身不先,则不信。"做什么事,都得自己先行,自己做到,别人才信。激励也是如此,你激励他人,首先要把自己激活。激活自己的特征之一是身体健康,精神面貌有活力,给人浑身是劲、充满朝气的感觉……

时间随想

现实生活中的大多数人都是普通人,那么,如何让平凡的你我拥有一颗炽热的心呢?如何找出一条适合自己的激励之路呢?

时间总是悄然无声地从你我身边走过,它对万事万物都一视同仁,它不关心你今天是忙是闲、是甜是苦、是喜是忧。在时间眼中,没有你我他之分,它只有一个节奏——一去不复返。所以活着,就要珍惜有限的岁月。

我们改变不了时间的长度,但可以改变时间的宽度,在有限的生命中,尽可能多做有意义的事,无论是悲、喜、忧、欢、苦、乐、涩,都平静应对。我们需要一颗能让自己时刻拥有快乐充实的时间心。

现在,我是一位资深培训咨询顾问,在十六年的从业经历中,见证了很多企业由弱变强,甚至是从貌不惊人的独角兽公司快速成长为世界500强企业，当然也看过不少企业由强变弱，逐步退缩。在与行业精英、企业管理者、咨询培训顾问同行们交流探讨企业成功经营的优势时，我发现持续成长型企业的管理者们有一个共同的特点：擅长激励自己，又善于激发他人的干劲。他们是一群擅长洞察自己和他人的需求的人，他们懂得如何满足需求，如何带头冲锋陷阵，他们拥有鼓舞自己和他人的能力。

在接下来的激励之旅中，我将充当激励话题的引导者，与大家一起了解实际生活和工作的激励方法，一起了解成功的领导管理者和行业精英们的激励点金术。

什么时候需要激励呢？在激励的进程中，你是否曾有过困惑、徘徊、放弃、振作、犹豫、坚定呢？那么该如何让困惑徘徊少一点，积极主动多一点呢？

现在你得树立一个目标，下一个决心——我肯定能找到一套适合自己的激励方法。我郑重向你承诺，有了行动目标，你一定能找到属于自己的苹果故事。

如果我们想实现一个愿望，就要具备相应的能力，要熟练掌握一项技能，并相信这项技能可帮助你实现愿望，相信"我能行"是一切行动的起点。

激励自己，到达彼岸，带着对未来生活更美好的愿景，开启激励实践探索之旅……

每一秒都是一个新的开始

普通人的共同特征是,资质、体能、容貌、家庭、学历、职业、收入、得到的机遇都属于一般水平,普通人的意志、毅力、能力也平平,身上还都有依赖、犹豫、胆怯、琐碎、拖延、浮躁、畏缩、自私的缺点,当然普通人也有成为专家、名人、伟人的梦想。

普通人为生计周而复始地忙碌,重复同样的工作与生活,经历相似的对与错以及快乐和忧愁。而我要讲的是,面对固有的思想和行为惯性,如何让大多数人学会激励自己,学会摆脱旧有习惯的困扰,学会持续激励自己,学会快速建立新的行为习惯链接,走上持续成长的道路。

变化很简单,变化随时可以开始,从每一天都是一个新的开始起航,也可以立即行动——每一秒都是一个新的开始!

一起来,踏上给予你我力量和方法的激励之旅……

● 管理者自我激励的故事

宁静的清晨,我接到好友春来的电话,于是拉开了春来创业成长激励故事的序幕。我们漫步在奥林匹克森林公园的小路上,听春来叙说他成长的心路历程……

自我激励步骤

时间造就一切

九月是北京一年中气候最好的月份。周末的清晨,阳光如期而至,天空湛蓝如洗,路边深绿色的银杏叶随风摆动,当真是"万里晴空万里天"。

早晨接到好友春来的电话,他来北京参加行业展会,便约我和他见面交流最近几年的体会心得。

我们在春来住宿的酒店大堂碰面,几年不见,春来给我的第一印象是精力充沛,风度不凡。隔着十多米,都能看到春来热情洋溢的笑容,三年没见面,变化真大。还没等我主动开口,春来就说道:"老万,三年没见,你变得成熟稳健,精神还像原来一样饱满。"

我兴奋回道:"是的。你仍保持原样,英俊潇洒,十足成功人士形象。在大堂久等了,应该我上去找你。"

"呵呵,下来欢迎,更显情义!"

"这里离奥林匹克森林公园步行十多分钟,我们去公园边看风景边聊。"

"好,我前天晚上到的,昨天参展谈得还顺利,同五家代理商初步达成合作意向。原打算再谈几家,但难得来一次京城,一定把见你作为最优先最重要的事情,所以我一早联系你。"

"有朋自远方来,不亦乐乎。意外惊喜带来的快乐能持续很长一段时间。第六感告诉我,此次,你带来的不只是知己相逢的快乐,而且还能帮我找到持续成长的动力。"

"嗯,什么时候你变得会夸赞人啦!时间真是台万能整形仪,不但能整外表,也能整思维模式!"

"是的,时间确实如你所说——是台万能整形仪,父母给我们潜力无限的身体和头脑,时光却如刻刀一样,在我们的身体和思维上不停刻画,有的人被刻成英雄、名人,有的人被刻成普罗大众。过去的英俊小生都被时间雕刻为成熟大叔。"我调侃地回答。

完美人生

转型要时刻进行

我接着又说:"与其说时间是一台万能整形仪,还不如说自己是操纵整形仪的主人。归根到底,每个人的时间都是自己用掉的,他人抢不走属于你自己的时间,一切的成与败都是自己造就的。对了,年初,我们在电话中聊,你们公司把新市场放在3D打印方向，怎么最近听说你又转到工业4.0和AI人工智能方向了。"

"嗯，老万你说得对。时间确实是自己用掉的。有时候只要对比同一时间两个人在做什么，就能判断他们未来的差距。与其说命运掌握在自己手中，不如说时间掌握在自己手中。工业4.0概念是德国政府推出的制造业智能化概念，主旨是提高德国工业的竞争力，以期在新一轮工业革命中占领先机。我们国家最近提出，加速产业转型，以中国智造为新定位。未来制造业结合AI人工智能技术、区块链技术，硬件加软件，相信这些互联互通之后，我们将迎来全球性的产业革命。也许又将诞生出新一批世界500强企业，保不准这样的公司就在你我身边。现在的阿里巴巴、京东其实就是在我们身边成长出来的，希望这次我们不当看客，能把握住发展机遇。我们公司租用的东莞大岭山工业区的厂房到期了，就搬到深圳宝安的沙井黄浦，业务由过去的模具制造和注塑加工向产业上游发展。"

我回应："你真行。脑子中时刻都有与时俱进的经营理念。变革和转型伴随着企业整个生命周期，除非企业不想经营。按照现在的知识和技术发展趋势，十到二十年企业就要面临一次转型升级，否则企业的产品就缺乏竞争力，比如诺基亚，在从功能机向智能机的转型过程中就彻底失败了。科技型企业变革的节奏远远要快于传统型企业，传统企业不是不变，只是相对于科技型企业慢一些。

比如国酒茅台，在酿造工艺、包装防伪、营销方式上都是与时俱进的。"

思路决定出路

春来赞同："嗯，很对。企业转型的实质是人的能力转型，也因此，人的能力也是一二十年必须提升一次。平均每个人有三十年的职业期，如果职业技能不提升一到两次，将面临收入停滞不前，甚至失业的危机。两年前我与朋友去美国拉斯维加斯参加国际消费类电子产品展览会，那是全球最大规模的消费类电子品展，在展会上接触到一家美国公司。那时候，我们在国内会先制作电子产品的手板（产品设计好后，做一个实物模型，增加实体感，利于改进产品设计），然后再定型开模，一般就制作几个，用3D打印技术。去展会时我们带了一个为国内某公司制作的样品，美国公司觉得与他们比，我们的制作水平高一个档次。当知道我们的报价是他们采购价的一半时，当即拉着我们谈合作。后来我们知道这家美国公司是专为好莱坞科幻影片提供特效道具的公司。合作了近两年，好莱坞大片中有部分仿真道具我们公司制作提供的。Google可穿戴产品的研发，很多灵感均来源于好莱坞的科幻影片。Google的创新研发能力非常强，概念实现力也非常强。不要小看这一点，把一个想法变成现实产品，不是所有公司都能做到的。我们公司仍采取跟随者策略,希望未来,可以做成独角兽型的企业。在行业内做专做深,企业规模小就得在某一细分市场竞争力强。预计我们公司明年销售额能达到两亿,人均产值200万,行业内保持中上水平。把销售额做上去,只有两条路,一是提升人均产值利润空间,做有潜力的产品。另一条是转型,做市场需求量大前景看好的产品。"

"哇,没想到,你们公司的产品定位已经向Google看齐了,有成就感!十六年前我们一起在深圳共事,我转行来北京,从模具制作行业进入培训咨询领域,而你坚持在模具行业,逐步形成自己的经营理念,并成功从传统模具制作领域转型到做定制式产品。"

思路决定出路模式

小目标大成功

我说:"前几年,只要有空,我总到奥林匹克森林公园走走,今天难得有知己相伴。"

"是啊,咱哥俩小学同过一个班,长大后还都碰巧在深圳从事模具行业,聚聚散散前后有三十多年的交情。如今都已经步入不惑之年,在各自的工作和生活领域小有收获。过去的想法,有的已经实现,有的,可能穷尽一生的努力也很难达成。"

"或许是到一定的年龄阶段,看问题不像原来那么单一了。活到现在,才真正学会用辩证发展的眼光看待发生在身边的事。比较惭愧,我在培训咨询行业干了大十几年,有些事还停留在方法或思维的理解层面,很难落实到行动中去,真是'态度很好,行为很恶劣'。"

"老万,每个行业都有难点,我们是平常人,在资源和能力一般的条件下,要做成事,真得有股不撞南墙不回头的顽强劲。英特尔创始人安迪·格鲁夫有句名言'只有偏执狂才能生存',我的理解是,做任何一件事都需要有韧性,要执着。过程中,关键得看能不能调动自己的主观能动性,突破难题。记得吗?读中学时,每到暑假都去赣江边游泳,你、我、令全,我们三人,经常为了让自己游得更快些,会用力往江中扔一块一尺来长的木头,然后大家拼尽全力去抢,看谁先抢到。就这样反复玩,从游十几米,到几十米、几百米,一次比一次游得更快更远,最终游到江中沙洲的目标。参加工作后,我经常联想到玩耍中的竞争游戏,每次做事情,都提前设定一个阶段性目标,然后努力达成,从成长中汲取养分。"

我认同:"格鲁夫的'偏执'指的是对理想和目标的执着,而实现理想和目标的过程则要灵活调整。每年暑假玩水是我们最开心的事情。江边的细沙,木壳挖沙船,伴随着打闹声音,爬到大木船上,纵身跳到凉爽的江水里,体验瞬间入水的刺激与快乐。特别是我们三个人,经过一番努力,克服江水流速阻碍,游到赣江中的沙洲,光脚奔跑在洒满阳光、水沙相连的金色沙滩上,快乐如同脚下溅起水花一样丰富多彩。那时,老想着要能坚持游到滕王阁下面,多有成就感啊。从成长中汲取养分,人不能一口吃成大胖子,必须一步一步达成目标。每个人的成长史是自己最好的导师,偶尔回味美好感受能增强自信心,唤醒本能力量驱动自我向人生目标前进。"

"我认同,成长史决定个人的价值取向和行为习惯。我们在叙旧,我们也在通过归纳总结成长事例来印证'只有偏执狂才能生存'这句名言背后的驱动力,偏执比坚持更胜一步,更需要有强大的自我驱动力来应对外界的挑战。能激励自我,相信自己能够达成目标,才是应对一切挑战的关键所在。老万,这次来北京,除了业务上的事情,还要向你取经学习。你转行从事培训咨询十多年,工作接触的对象是国内外500强企业和各行业的标杆企业,心得体会肯定多。你要传我几招心得,让我好好学习。"

小目标 + 小目标 + 小目标 + 持续 = 大成功

小目标大成功模式

黄金十年（35~45岁）

"谢谢你的认可，肯定要分享。前不久我去听激励课程，老师从管理学、人体神经生理、心理学、环境和制度五个方面讲授激励，应用覆盖面广。并且，老师让我们认识到激励是伴随人整个生命的话题，无论你是功成名就，还是正在为理想奋斗，都需要激励。只要人活着，就需要激励自己和他人。"

春来很开心："哈哈，来得早不如来得巧！激励的话题，我很感兴趣。无论你是员工还是管理者，做什么事情，首要条件是调动自己的热情劲！"

"嗯嗯，终生学习等于终生激励。激励不只属于年轻人，也属于你我。到我们这个年龄，是应出成绩的年龄。有报道说，大数据分析历届诺贝尔奖获得者，出成果的年龄半数以上在35~45岁，可见35~45岁区间是人生的黄金年龄期。刚好，我们也40出头，正是出成绩的最佳年龄段。"

春来感慨地回应道："任何年龄都需要激励自我应对挑战。你我虽不能得诺奖，但诺奖得主的年龄确实可激励我们早出成绩。我们这个年龄，是什么事都可以干的年龄！年龄是心智成熟的一个标志，是做成事的核心因素！"

"是的，能解决现实复杂问题也是判断人心智成熟的标志之一。用年龄段将人的职业生涯切分，大致切成三阶段。一阶段是从20岁左右初入职场到35岁左右成为可独当一面的职业能手,此阶段的发展重心是有足够的激情让自己持续成长。二阶段是35岁到45岁的区间,是职业生涯的黄金期,发展重点是把理想转变为现实,同时要慎用权力,成功后要自我约束,以免自信心过度膨胀。三阶段是职业发展的后期,发展的重点是培养接班人,树立好榜样,激发年轻人为理想而奋斗,培训新人贯穿整个职业周期,到后期更为重要。"

"嗯,老万,刚才你把人不同年龄段的职业生涯重心梳理出来,拿来就能用,可以少走弯路。"

我接着说:"了解不同职业年龄阶段的关注重心,就能把握好不同年龄阶段的激励要点。20~35岁职业成长激励,以能力提升为激励方向;35~45岁职业成就激励,以事业成就为激励方向;50~65岁职业归属激励,有归属感就能用心培育关心下一代员工的成长,归属感激励就是调动老员工工作积极性,鼓励传承经验,培养接班人,做好榜样。"

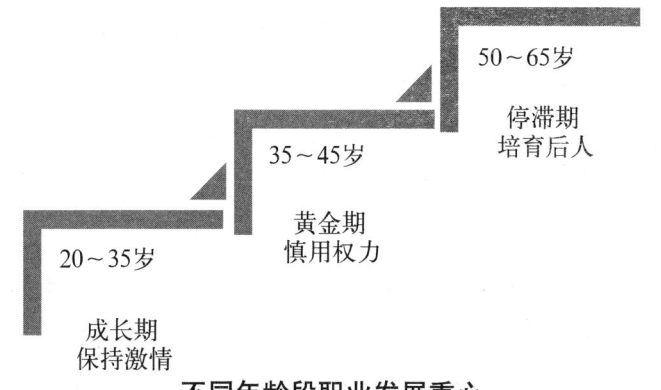

不同年龄段职业发展重心

● 使命和目标

人的使命和目标源自经历。清晰的目标是人生的指南针,一路前行中,你会发现,始终难以舍弃的东西,就是你要追求的目标,这目标的来源正是少年时对世界混沌的认知,而它就是你的使命,是你必须要去做的事。春来的故事在叙述:重拾理想,不要和现实作对,坦诚接纳,舍不得丢弃就带着,思路决定出路,视野又决定思路……

畅想三维空间

我们已经步入奥林匹克森林公园,走到湖边。微风泛过湖面,送来淡淡的水草腥味,湖里水草茂盛,小鱼儿不时穿梭其中,时聚时散,上下游戏在水中,好不热闹。人的活动只能在二维平面展开,不能像鱼儿、鸟儿一样可以在立体三维空间里遨游、飞翔。是的,如果能像鸟儿一样飞翔,像鱼儿一样畅游,人的思想肯定比现在要广博千百倍。

走过一段木板搭成的湖边小路,顺着湖边向北走去,路边不时有小朋友围在年轻父母的身旁追逐玩闹。我们走了一段,来到湿地景区,环视四周,高大的城市建筑物仿佛消失在繁华喧闹中了。

不忘初心

"老万,这里的环境很好,是闹中取静的好去处。前面地方空旷,有水有荷有树有长椅,坐着聊。"

"好的,接着聊。春来,我觉得从你身上,能找到我想说的观点。或许你就是一个最合适的样板,你刚说过一句'无论做什么事情,关键是要调动自己的积极性。'我可不可以理解成'无论做什么事情,首先要学会激励自己,才能调动自己做事的热情。'"

"是一个意思。对这点,我的感触可能较深。能走到今天,我觉得最重要的是能够自我掌控,无论遇到大困难、小问题,我都能保持平和心态,这与年龄也有关。要客观处理人和事,需要经验和阅历的积累,对大多数人,年龄是一个硬槛,年龄之外,想要一直保持激情去做一件事情,还要有兴趣。在兴趣面前,需要有坚实的使命感,即要有你的人生使命。这句话有些空,但它能解释人活着的意义。我觉得使命感有点像人在到达命运的终点前需要完成的任务,每个人都带着属于自己的人生任务,有意有无意地朝着生命终点前行。"

我赞同:"很认同你的观点。孔子所讲的'吾十有五,而志于学,三十而立,四十而不惑,五十而知天命,六十而耳顺,七十而从心所欲,不逾矩。'是在强调不同年龄阶段的关注重心和任务不同。现在教导我们树立良好的人生观、价值观、世界观，人生要有奋斗目标。但长大成人后多数人都迫于生计奔波，很难有精力重拾年少时期的理想。中年油腻男这个群体，就是人到中年弄丢理想，变得世故圆滑，面对问题总有自己一套套看似合情合理的借口。"

"嗯，老万，你说的是实际情况，普遍存在。大部分人因各种各样的人生境遇，而不能坚持自己年少时的理想。重拾理想，不忘初心，方得终使，要想在生命终点前达成使命，就必须时刻想着最初的使命，我为什么而来，要去哪里，需要做什么。"

夺冠必须努力

"嗯，是的，想成就一番事业，确实得比平常人要努力十倍，想明白为什么而来，要去哪里，需要做什么。确认使命目标后，过程再难，也要坚持到底。"我回应道。

春来接着说："说个例子，110米跨栏，刘翔在2004年以12.91秒的成绩拿下雅典奥运会冠军，成为中国田径首位获得奥运金牌的男子运动员。然而，想短时间内在欧美选手占绝对优势的田径短跑项目上再出个'王翔''李翔'，估计很难。但这不意味着我们要放弃，若此时不努力，以后连一丁点机会都没有。人在不停进化，只要持续努力，一定有收获。还一点是，体育竞技运动倡导的是不懈奋斗的精神，它是考验人身体、意志、信念、拼搏、技术的活动。体育精神能激发激情。刘翔能突破亚洲人与欧美人之间的体质差异，在某个角度上证明了不懈努力可以使一切皆有可能！"

我接道："嗯，喜欢体育运动的人，肯定很享受体育运动带来的进取拼搏的情感体验。我们要正视人与人之间的差距，也需要通过自身努力缩小人与人之间的各种差距。缩小差距，有的是国家政府需要做的，比如教育的公平；有的是企业需要做的，比如良好的工作氛围；有的是家庭需要做的，比如温馨的家庭关系；有的是自己需要做的，比如不懈的努力，保持热情，持续挑战自我。"

坦诚接纳现实

我接着说："多数人会放弃年少时的梦想，接受现实。面对这些现实，我们需要善于思辨，理清是非，看清规则，然后则要踏踏实实一步一步往前走。社会每时每刻都在变，时势造英雄，只要准备好，机会对谁都平等。比如，如果你现在能抓住高端制造和人工智能的热点，站在风口上，那么将来就能把握好机遇，就能事半功倍。"

"嗯嗯，抓住热点，让趋势带动自己跑起来。确实如此，不要气馁，敞开心扉，坦诚接纳，真实面对是一种智慧。人幸福感中的乐观、坦诚、勤奋、健康等指标都要求我们面对现实，才能体会幸福的含义。"春来愉快地说道。

"嗯,幸福在哪里?幸福就是当下。'不要气馁,敞开心扉,坦诚接纳'意味深长,用实用主义的态度面对生活,用理想主义的态度面对未来。春来,你二者通吃!"我开心地一笑,接着说:"梦想要天真,现实要勤奋。勇于追求梦想,脚踏实地制订切实可行的目标计划,一步一步实现阶段性的小目标。如果因机缘不佳,能力不足,没能实现,不要灰心,如同体育精神一样,我们可以再来一次。我们还有下一代,做个好榜样,给下一代人打下扎实的基础,他们肯定比我们强。"

"老万,你概括得非常好!使命也罢、目标也罢,对多数人来讲,只要今天比昨天努力,就是一个成功。无论是社会精英还是普通职员,集中精力做好当下的事,自然可忘记烦恼,忙得不亦乐乎。"

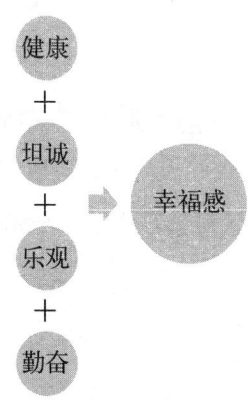

幸福感获得

找到自己的职业锚

"春来,我已经把自我激励的第一步说了,就是确定使命目标,不忘初心,重拾理想。找回少年时的梦想,它是使命感的发源地,是自我激励的起始点,目标比使命清晰,使命包含目标。弗洛伊德、皮亚杰都认为,儿童时期的经历会影响成人的个性发展。

"我的理解是,少年时期对社会的认知才刚刚开始,从以父母、家庭为中心,到以老师同学学校为中心,开始逐渐接触外界环境,此阶段他们对外部世界认知模糊混沌,随着年龄和知识的增长,价值观清晰成形。成年后,阅历和认知能力仍在提升,使命发生变化,但追本溯源,少年时期的影响仍占很大权重。童年时期是个性形成的关键期,少年时期是人生观、价值观、世界观形成的关键期,是立志的最佳年龄段。

"我们可以把人生使命等同于立志来理解,立了志,便有了使命感。使命是我们人生观、价值观、世界观三者结合的产物,有点像人力资源管理中的一个术语——职业锚。"

TIPS

职业锚,又称职业系留点,指当一个人不得不做出选择时,他无论如何都不会放弃的职业中的那种至关重要的东西或价值观,实际就是人们选择和发展自己的职业时所围绕的中心。职业锚强调个人能力、动机和价值观三方面的相互作用与整合。职业锚是个人与工作环境互动的产物,在实际工作中是不断调整的。

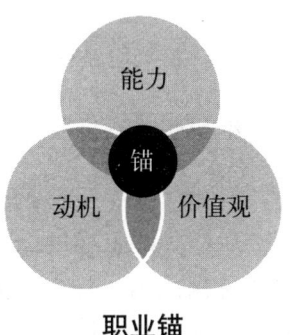

职业锚

春来回应我:"嗯,我总结对使命感和目标的理解。使命感可理解成年少时的一个梦想,可定义为我希望未来有什么样的生活和工作。目标是能够在规定的时间内做成的事情。无论你我是普通人还是社会精英,都要有自己的目标,任何环境下,都不能丢弃。失意时不要自暴自弃,得志时不要忘形。"

"春来,我补充一点。把年少的梦想和职业锚理论联系在一起。年少时不切实际的梦想对每一个人影响深远。我经常想,假使上天再给我一个机会,我还会选择现在的这条路吗？我可能不会，因为这么多年下来，感觉走的弯路有点多，付出的代价有点高，也有可能还选择，因为这么多年也做了几件有意义的事情。一切都在变化之中，此一时，彼一时。人的思想、行为、价值观随着认知水平的提升而不停变化，此一时，彼一时是正常现象。"

眼界决定未来

"是的，老万。细想职业锚挺有意思，读初中时，我们喜欢的大企业家是金融大亨JP摩根、石油大王洛克菲勒、钢铁大王卡内基、汽车大王福特、电脑大王王安，20世纪80年代末还极少见到比尔·盖茨的报道，马化腾、马云还要等等才出现。假如当时我们关注的是政治家，或许走仕途。如果当时能接触到电脑，我们有可能从事IT互联网行业。你原来喜欢看美国咨询公司的信息，兰德和麦肯锡，现在不就从事培训咨询工作了嘛。"

"你这么一说，还真如此。这可能与我们的眼界有关，见得多印象多，印象多选择项就多，反之见得少选择就少。当然，选择不止停留在年少时，我们每天都在选择中度过。现在我们拓展行业眼界，吸收不同人的思想，在今后的工作和生活中肯定会产生更多更好的思路和方法。美好的愿景和使命感能让我们走得更远，否则我们会满足于现状，或屈服于当下社会环境。"

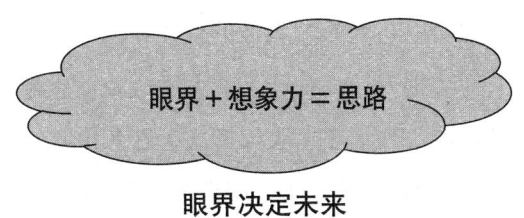

眼界决定未来

向偶像借力

我接着说:"对普通人来说,我觉得,可以向偶像学习,向他们借力。"

还没等我话音落下,春来就接过来:"你这么一说,我还真反应过来了。我青少年代的偶像有JP摩根、钱学森、华罗庚、林志颖、拳王泰森、飞人乔丹等,不同兴趣爱好领域有不同的崇拜偶像,偶像的主要作用有两个,一是把使命清晰化,二是学习效仿的标杆。"

"反应够快。确实如此,只是那时年龄还小,理解不深。找出不同兴趣领域的偶像,让自己的言行举止、思维模式都向偶像看齐,模仿他们,向不同的偶像学习不同的优秀品质。"

春来点头说:"我有个疑问,随着时代的发展,过去的偶像现在已经不再是主流关注的对象。现在网上、朋友圈子中,只能看到'马云或任正非说的,巴菲特讲的,德鲁克或乔布斯的观点'了。"

"这个问题好回答,在寻找兴趣和事业偶像时,也要与时俱进,这可以不断吸收偶像的优点,但千万别教条化,只要牢记,你想提升什么技能,就去找这项技能最牛的人,学习借鉴他们的工作风格,决策模式,思考角度。"

"老万,听你这么一说,偶像也是随着时代的变化而变换,是可以换的。"

我笑着说:"是的,还要看类型。刚才谈的都是工作事业方向的偶像。政治、军事、文学、艺术、哲学方面的偶像的影响力会更持久一些,这主要看自己的价值观有没有发生变化,还有自己认知水平的成熟度。"

有效的成长公式

🍀 身心健康

身体好,心情好,精神好,做三好自己。一定要牢记,身体是革命的本钱,这不是怕死,不是惜命,而是对自己、家人和朋友负责。青春年少身体好,养成良好习惯是核心;青年壮年意气风发,锻炼身体很重要。面对跌宕起伏的人生,如何让自己身体健康、精神焕发呢?请听春来的故事:创业之路不平坦,相由心生要勤练,了解玄奘精神，多走走，多看看你会有收获……

身心健康最重要

身心健康 = 身体健康 + 心理健康 + 精力充沛

修身 + 修心 + 修德 + 修行 = 命运

身心健康的获得

春来沉默了一会儿说："这些年来，我还领悟到非常重要的一点——身心健康很重要，我们要让身体保持良好状态。身心健康是幸福人生的基础，对生命而言，没有健康就没有了一切。让身体、心理、精神保持良好状态是达成使命目标的基本要求。你离开深圳去北京两年后，我和两个朋友想创业做点事情，二十七八岁正年轻气盛，做事简单果断，说做就做。每人出十五万元，购置电脑、手摇精密铣床、精密手摇磨床、车床，设备有新有旧，在东莞大岭山工业区里租便宜的厂房，做起模具加工业务。我们都是技术出身，懂画图、设计、制作、加工模具，不懂销售，就用简单的业务推销方式，在周边的工业区派发加工信息，找熟人介绍。我们上午在外面跑，下午和晚上干活。坚持一年后，小工厂逐渐步入正常运作轨道。技术出身的优势是能保证产品的质量，我们制作的模具质量和精度比别人高，逐渐形成好口碑，客户逐步加大订单量，又帮助转介绍。又经过三四年，工厂发展到一百多人，除模具制作、机加工，还扩充了注塑、丝印等加工业务，产值也有四五千万，算是有点小规模。"

"嗯，年轻就任性，身体素质处在人生鼎盛期，你们上午在外跑，下午和晚上干活，除了有干劲还要身体底子好，不然坚持不了一年。你们创业初的目标达成有年轻身体素质好的功劳。身体素质好，心态端正，精力充沛是所有公司都喜欢的用人标准，国企、外企、私企在招人、选拔干部和管理者时首选是身心健康的人。"

精力充沛

"是的，选择培养对象，我挑选积极主动，精神焕发的年轻人。精力充沛是身心健康的外在表现，能从言谈举止直接感受到，精力充沛的人获得的成长机会比精力不足的人要多，达成目标的能力要强。接着说工厂，发展到初具规模，问题就来了。2008年金融危机时，很多中小企业都缺钱，我们的应收账款占销售额的一半，还好我们的流动资金充足，当时好几年没分红，企业的利润都在账上。我们三人约定，只拿一份工资，除扩大经营购置设备、支付薪酬外，资金都存在账户里，我们还约定经营发展不借款。"

"嗯，春来，认同。精力充沛的人更容易集中精力去处理当下的事情，他们目标感强，不拖拉，行事果断。不拖拉能让时间效率高，行事果断则是能抓住事情的关键点，快速决策，快速推动事情的进展。不负债经营就抓住了小企业成功经营的关键要素。充足的现金流是企业稳定发展的必要因素，除非项目真是缺少资金，需要贷款或引入风投，否则不要借款经营。增加人员、市场推广、房租、设备，一般都能克服，提升工作效率就可以不增加人手，精准营销可节约推广费用，两班倒可增加设备使用率。小微企业，只要创业者不让公司死掉，肯定都死不掉。当然，不借贷，发展慢，会丧失市场机会。是否借贷，具体还得看业务模式和市场竞争状况，传统业务模式不建议借债经营发展。"

春来接着说："是的，做任何事都需要精力充沛。当时主要的精力是放在稳妥发展上，我们毕竟是传统行业，比不上互联网行业和新型商业模式，能迅猛发展，有的互联网金融公司一两年就能快速从几个人发展到几千人的规模。金融危机对我们的影响只是应收账款占比高，但后来发现，我们还是忽视了提前做业务转型。金融危机过后，我们把回笼的资金投入再生产，后续的两年，只是基本维持，业务发展和工作积极性都遇到了瓶颈。传统加工制造行业的利润空间压得很低，一线员工薪酬上升快，人员流动性大，管理难度和成本上升。还有个外界环境因素，珠三角的加工行业不景气，压款严重，应收账款比重高。可是你不接压款的单子，别人就接走。创业开始的六七年还很努力，再往后就有些疲惫，业务拓展难度加大，投入的热情也退了。"

停滞影响激情

"嗯，春来。转型确实很重要，要知道，富士康早期与你们一样都做精密模具，不同之处是他们能在精密模具产业链上下游发展，如今已是全球顶级品牌的电子产品代工工厂，苹果、华为、小米等品牌手机都是它代工。富士康创始人郭台铭是个典型的工作狂人，平均每天工作达12~16小时，没有健康的身体肯定办不到。"我又接着说："创业久了上不了台阶，确实不免退去激情。每个人的精力都有限，激情也如此，'七年之痒'现象很普遍。内在的原因是，做同样的事，得不到突破，就缺乏新鲜感，喜新厌旧。喜新厌旧可以用生理科学解释：人体大脑的中脑部，有一个叫奖赏中心的区域，能够分泌一种叫多巴胺的神经递质物，影响人体对人和事的热情度。新鲜事物容易引起多巴胺的分泌，当逐渐习惯新鲜事物后，一切都变得正常，就不能再刺激大脑中部的奖赏中心分泌多巴胺神经递质了。"

春来接话："是有这种感觉。日复一日重复相同的工作就疲惫。业务量做不大，又不敢转型，做事的动力消退，对事对人都懈怠了。"

我跟春来解释："你已经很优秀了。其实这是我们的大脑对人和事的适应习惯造成的。回味你第一次接到订单时的喜悦心情，第一次客户把款汇入账户时的成就感，第一次把团队带好的自豪感，这都可以激励你快速向前发展。当这些事变成第二、三、四、五次时，你就不再会为此激动不已，你会觉得，这一切都很正常。"

"嗯，老万，你讲得对，每一次业务上的新进展都能给我带来喜悦。说到当时的瓶颈，我们找不出新的业务增长点和可转型的项目。后来我们讨论过直接做产品，不再单一做加工业务，于是选择了三款产品：手机透明按键、蓝牙耳机和手机保护套。选这三款产品是以当时已有的模具制作和注塑业务为基础选定的，但后来三个都没做成。我们总结，原因是做新产品需要投入激情，而我们尝试几次都没有达到初次创业时的饱满精神状态。"

"嗯，这都合情理，能理解。大家心里有想法，都想再上一个新台阶，试过几次后，不能一鼓作气拿下，时间一久，就是再而衰，三而竭的结局。久而久之，不疲惫才怪，意志和精神上的疲惫，使自己没信心再往上冲。"

精神面貌感染人

春来又接着讲他的经历："作为管理者，不能在员工面前流露出任何懈怠的神色，不然会影响大家的工作情绪。我平时着装整齐，头发有型，大家都习惯我整洁的形象，假若哪一天我不修边幅，穿着随意去上班，员工肯定认为我有心事。我明白，必须在员工面前保持良好的精神面貌，随时注重自己的仪容仪表。"

我同意："好习惯！仪表整洁能体现人的精神面貌，最能直接感染他人。每个人都愿意与精神十足的人打交道，这是正向感染的力量！"

"是的，这我明白。精力充沛能体现出人良好的生活作息习惯。我的疲惫主要是心理方面的，一方面自己有想法有抱负，一方面我又很难摆脱周而复始的日常琐事，没有精力和时间重新带动大家往前冲。大家天天在一起谈新的业务方向，但都没有实质性的推动。可多数时候，又不得不跑去忙着做各种常规工作，时间都花在琐事上。"

"能理解，说多了，没行动，就麻木，不想再说。春来，只有精力充沛才能有决心解决工作懈怠的问题。精力充沛是精气神的体现，合理饮食能使人体营养均衡，良好睡眠能让紧张一天的神经放松，人体机能得到休整；运动健身看似增加了肌肉疲劳和内脏器官的负荷，但能深层次调节大脑神经和内分泌，有助于深度睡眠休息；心态平和能培养遇事不慌乱、不焦虑、静心应对的习惯；个性开朗能给他人快乐和信任；仪表整洁则是让他人直观感受到你的职业素养。"

营养均衡 + 良好睡眠 + 运动健身 + 心态平和 + 个性开朗 + 仪表整洁 = 精力充沛

精力充沛六要素

逆境中超越

春来接着说:"是的,身心健康,精力充沛,年轻时体会不深,经历过身体受伤后才感受深刻。那时候由于经常性加班,平时没怎么锻炼身体,篮球极少打,游泳就更别提了。脑子里一直在找激活干劲的方法,但每次又总是感觉无力入手。时间一久,身体处于亚健康状态,脑子绷得很紧,容易疲劳,早晨起床,眼睛老是感觉很干涩。一次在看试模时,我把手给压到,右手掌骨折,真是屋漏偏逢连夜雨!"

"这段经历,你没提过。"

"我很少在朋友面前提起这件事。手掌骨折不严重,医生让休息两个月。工作上的事,都是我的两个伙伴撑着。"

"嗯,塞翁失马,焉知祸福。你可以借这段时间,好好梳理。"

"是的,突然不忙,闲着真不知做什么好,每天无所事事,于是我就买了些经管、人文类的经典著作来看,包括彼得·德鲁克、彼得·圣吉、菲利普·科特勒、南怀瑾、星云法师、叔本华、梭罗的著作。一个月后,去医院拆除夹板,医生说我右手掌完全康复可能需要半年的时间,具体时间与配合康复治疗和饮食有关,建议多做手部活动,多吃高钙高蛋白食物。夹板拆除时,右手的手指只能慢慢做伸缩活动,动作稍微大点,就疼。"

"十指连心,肯定痛。"我说。

春来接着说:"两个月休养期间,我经常回顾总结,与身边取得优秀成绩的朋友比较,发现取得优异成绩的人,除了投入时间外,精力投入至关重要。只有时间和精力投放到一定程度,事情才会发生质的变化,从量变到质变。精力充沛,离不开身体健康。身体健康是人一切活动的基本保障,身体不好,什么都做不了。"

我接着说:"嗯,有个一万小时定律,是国外作家格拉德威尔在《异类》中提出的,不管你做什么事情,只要坚持一万个小时,基本上就能成为该领域的专家。相同的事,在不同境遇中,得到的启示是不同的。我有同感,过去,年轻身体很好,认为身体好是很自然的事情。现在的身体肯定不如20岁出头时好,身体不如以前,意味着你不能专心致志地把精力投入一件事当中。疼痛是生理性反映,意志力很难控制生理性的疼痛感。"

春来说:"嗯,怎么你有同样的体会?"

我说:"嗯,前几年我胃不舒服。主要是不按时吃饭造成的。诊断是胃炎、反流性食管炎,目前没有非常有效的治疗方法,主要是靠平时调养,工作压力别过大。胃是靠植物神经来调节的，植物神经掌握着攸关性命的生理功能，如心脏搏动、呼吸、消化、血压、新陈代谢等。职场人士患胃病多数是因工作压力大，情绪波动，饮食没规律。我坚持按医生的健康药方调养，合理饮食，每日营养跟上，多锻炼身体，早起早睡，心情愉快，少喝酒少吃辛辣食物，一年下来，困扰我五六年的反流性胃病真好了。但那时，我的胃时好时坏，烧心，常常要去医院，搞得很闹心。"

春来调侃地回应道："老万，你帮我普及了养胃知识。压力大、焦虑是心、胃、肝脏等主要器官慢性病的成因。植物神经的调节以内分泌、睡眠、饮食营养、运动为主。人到中年，生命属于家庭的比例多于自己。"

死亡激励

我说："嗯，医生当时说久治不好有可能转成胃癌，我很担心，是怕死。面对死亡虽说有思想的准备，但死亡总是伴随着身心的痛苦、亲朋的悲伤，所以惧怕死亡。试想，一个人假若不怕死，将无法控制他。

这个话题引发了春来的谈性："嗯，谈到死亡，确实发怵。我在一本书中看到，说地球上所有的生物都有寿命，大概与地球上的资源有限性相关，在生物几十亿年的漫长自然进化中，单个细胞的寿命有时长限制，细胞繁殖、分裂有次数限制。如果每个物种的寿命都永恒，地球上的物种多样化就不存在了。假设未来科学能使人的寿命延长到1000岁，地球上将没有那么多的土地、空气、水、住房、粮食、燃料可以维持所有人的生命。仅仅是食物，一个人每天消耗的食物和水大概为2千克，如果按一个人活75年计算，大概就是75×365=27375天，2×27375=54750千克，大约为55吨食物。55吨食物当中，又包括多少鸡鸭鱼猪牛羊，而且它们也要吃东西，如果人能活1000年，整个生物链加起来，远远超出地球上的资源储备。自然进化过程中，已经决定所有生物的寿命，人的寿命是在进化过程中形成的。由此可见，死亡是自然而然的事情，用不着过多担心。"

春来接着说"把死亡参透了，对生命就有一颗敬畏之心，更能促使我们珍惜眼前的光阴，珍视美好的青春年华，激发我们对美好生活追求。"

遇见玄奘

我转换话题："旅游是非常好的减压康复药方。旅游能带给我们全新的体验，流连在美景、风土人情中，陌生、好奇、新鲜三种感受交织在一起形成让我们难以忘怀的兴奋。"

春来同意："是的，每到一处新景点，就是兴奋和高兴。我手掌受伤休养期间出门旅游,参观西安大雁塔时,听讲解员说玄奘取经的故事给我触动很大。《西游记》中唐僧的原型是唐代高僧玄奘。玄奘先后在全国数十地求学佛法,公元628年,27岁的玄奘在没有得到唐太宗的准许下,私自踏上西行取经之路,途经凉州、瓜州、玉门关至高昌国,与高昌王曲文泰结为兄弟。继续西行,玄奘从今天新疆喀什进入吉尔吉斯斯坦、乌兹别克斯坦,到达阿富汗后南下巴基斯坦进入今天印度境内各国,行程13800余里。31岁那年,玄奘边学边行,进入古印度。玄奘在那烂陀寺学习5年后,开始周游古印度名寺。42岁时,玄奘在曲女城召开佛学辩论大会,获得"大乘天"尊称,名震五印各国。贞观十九年(645年)正月,玄奘回到大唐都城长安。玄奘对佛学执着追求,不惜性命,不畏艰难,把毕生的心血都用在佛学的研究上。回到大唐后,玄奘把所有的精力都放在翻译佛经上,就在大雁塔里。"

"你记得真清楚。玄奘62年的生命里,都在做学佛、取经、译经的事,需要常人难以想象的毅力和激情。"

"是的,老万。那次游览大雁塔,我听导游讲完后,又回去听第二个导游讲解,导游词都差不多,给我的感触却是不同的。我久久凝视着玄奘西行图像,想想自己的蹉跎岁月,忙忙碌碌,稀里糊涂就走过半生,每日碌碌无为地瞎忙,自欺欺人地给自己一些看似合理的理由,十分愧疚。"

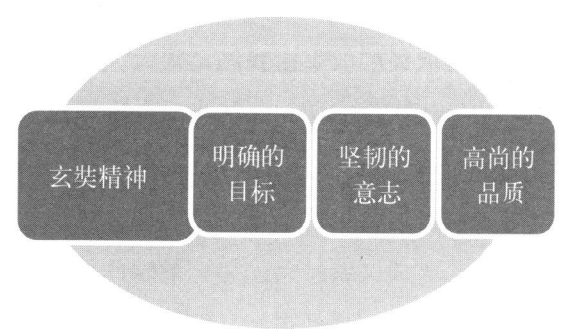

玄奘精神

"春来,不要过于自责。大部分人都有类似境遇,屈服现状。旅游可让我们摆脱原有的生活状态,建立新的作息规律,虽然短暂,但体验深刻,有助于找到新方法解决老问题。相信旅游回来后,你肯定有变化。"

春来认可:"是的,挑战现状。玄奘精神中明确的目标、坚忍的意志、高尚的品质给我很多启发。使命目标能激发人的斗志,增强团队凝聚力。坚韧意志是达成目标的优秀品质,高尚品质能升华人的思想境界。"

"使命目标是驱动人类持续文明的动力,凝聚志同道合者一起奋斗,能让一个人找到一群人为理想奋斗。"

"嗯,老万,一个人努力肯定不如一群人努力的效果好。游览名胜古迹,加深了我对书面知识的理解,在大雁塔身临其境感受玄奘大师的传奇往事,犹如他就在身旁勉励我坚持才可成功。整个休假我都沉浸在愉快的体验中,时间很快过去，右手掌康复理想。旅游真是治疗的好方法。"

好身体好情绪

我再接着说："心情愉悦，好情绪，对调节人体的神经紧张、疲劳引起的内分泌失调和压抑导致的人体慢性病非常有效。平时与人打交道，看他的神色就能判断他的身体是否健康，能力如何，脾气好坏。"

青春说："说得有理。"

我说："人的良好状态可以分解成身体的健康和心态的平和。身体的健康是人的一切活动的基础，没有身体健康，一切都毫无意义。心态平和是指我们情绪稳定，心智成熟，始终保持愉快的情感体验。能让自己保持良好的状态的行为是经常锻炼身体，工作再忙都得抽出时间来锻炼身体。要做到心态平和，心智得成熟，用正向的思维模式去看待发生在身边的事情。待人接物时，别把人和物想得太坏或太好。情绪低迷时，多出去走走，散散心，有助于快速恢复愉快的心情。去远方走走，可得到更多的启示，启发性的故事一多，有利于总结梳理思路，找到最佳的解决方法。"

运动最减压

"老万,我插一句,我发现摆脱情绪低迷,最好的方法是运动。"

"是的,春来。心情不愉快时,跑步、打球、快走、去健身房,都有助于摆脱当下焦虑的情绪。锻炼身体可以让身体各种器官回到原始本能的状态中,活动骨骼、肌肉能带动血液的循环,促进激素分泌,使人逐渐忘记忧愁和烦恼,身体得到放松。"

"嗯,老万。你这样一讲,我觉得修身、修心同人一生的命运是直接相关的,加上修德、修行就是人一生命运的写照。德能规范约束人,行能历练人,印证自我是否心言行一致。身心健康是根基,德行合一是追求。"

太阳由斜而正,等感觉有点晒时,才发现快到中午吃饭的时间。我们拍了拍屁股后面的碎草,站起来。聊得专注,时间就过得快,现在的任务是找地方吃饭,生理需求是刚需,到点就得吃饭,爱护身体最重要。我们顺着人工沼泽湖,向仰山走去,正好绕一圈,到公园外面去找吃饭的地方。

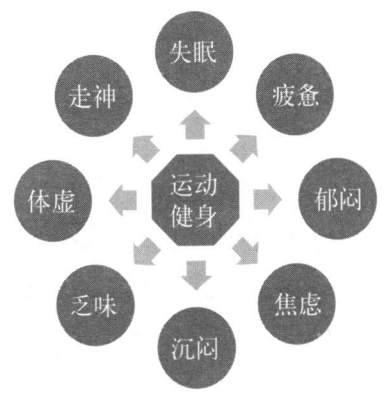

运动健身解压提神

（五）下定决心

想明白事情，思路梳理清晰后，关键的一步是下定决心，然后再付诸行动。决心一定，你会发现晴天时，天更蓝；阴天时，天寂静；雨天时，天清新。找到使命目标，身心健康，下定决心赶紧去做。春来的故事还在述说，一起听，收获的将是对企业使命、对事业、对家庭、对生活的不同理解……

表决心

接近正午，阳光没有清晨时的可爱了；白云散落在蓝天上，盼着它能快速飘到头顶多停片刻。小路边的狗尾草随风左摇右摆轻轻地晃动，树荫下面的草丛深处，仍可见小露珠。

春来接着说："那次受伤，我调养了三个月，心情、身体都达到最佳状态。回到职场，我就与伙伴们分享心得体会，提出建立企业愿景和使命的想法，要明确企业经营目标，不能再停滞不前。同样是花了时间，为什么不让时间更有价值呢！"

"说做就做，雷厉风行是你做事的特点。"我用肯定的眼神看春来一眼。

"是的，老万，经历身体健康的波动，回来就下定决心，重振雄风，把企业从自然发展状态引入到规范发展的轨道。"

"下定决心，是确定行动目标前必须做的事。下决心是激发自己一定要行动的重要心理因素，下决心后，再对外公布思路和目标，起到监督和推动作用。决心能时刻提醒自己不忘初衷，要有一颗勇敢的心，赢得一切挑战！"

我刚说完，春来立即接过话题："嗯，把心一横，决定重新定位我们的公司，我的两个伙伴十分认同。于是，我们召开全体员工大会，重新选择企业发展方向，要求大家先把自己和行业未来发展趋势的想法写出来并交到人力行政部，然后再开会确定公司未来的发展方向。"

我同意："很对，表决心不只是对自己表，还要当众表。当众表决心,就是当众承诺,从今往后向目标进军更坚定。个人要有使命和愿景,企业也需要有。企业的使命和愿景大多数是创始人或高层参与确定的,调动大家一起参与,表明高层尊重大家的想法,是让公司的每一个员工真正参与进来,公司愿景包含每一个员工的愿景。企业经营者与员工的使命愿景的交集越大,越容易形成合力。合力强,大家劲往一处使,出绩效的可能性就越大,更能抗住经营风险。"

"后来我们把大家的想法归类分析,确定了创新、高效、卓越、快乐为企业核心价值观,在此基础上确定企业的使命是'创造与提供高价值和受人们尊敬的产品、服务',企业的愿景是'工作和生活更美好'。确定了企业的使命和愿景,公司主要负责人找了一个农家院,开了三天的闭门会议,决定企业未来的产品方向。"

树立事业心

我点头说:"确定公司的经营愿景意味着以后把工作当成自己的事业来做。别小看事业二字,它最起码代表着你们未来十年的奋斗目标。十年磨一剑,想做成一番事业,十年的时间不算长。事业代表拥有稳定的共同目标愿景。事业与职业还有区别,一个人一生中可能做十多种职业,但事业,在一生中也就一两次。"

春来肯定地说:"是的,对事业心的理解很关键。事业心代表着有恒心,有决心为目标而奋斗努力。你前面讲的一万小时定律就是事业心的一种体现,没坚韧性,很难攀到行业的最高峰。我们当时从企业的人力、技术、财务、资金、行业、竞争、政策多角度综合比较分析,确定未来3年向3D打印方向发展。优势是,我们在模具行业有15年的设计、制作经验,对3D打印技术有8年的行业了解,还有两年3D加工手板的经验。以前没选择3D打印,是因为3D打印的材料发展有局限,现在打印材料有突破,未来肯定还有大突破。而且做3D投入的资金不太多,能提升员工成长空间,向高人均产值方向发展,员工收入可稳步提高。劣势是,当时3D打印手板件是我们收入很少的一项业务,不到8%;国内3D打印市场还处在初期水平,市场量较小,市场潜力不好说;如果主营业务选择3D打印,员工需要裁减近半,剩下的一半需要进行不同程度的技术培训。机会是,可以尽早布局国内市场,当时国内很少有企业把3D打印手板作为主业来做;可提升全体员工的技术水平和人均产值;企业未来成长空间大。挑战是,市场不确定,企业投入的资金可能无法收回;要减人,基层员工会抵制;有可能会引起现有客户的不满,甚至流失忠诚客户,影响现金流,当时我们的现金还得依靠现有的模具、注塑两块业务支撑。"

事业路径公式

借助外脑

我听了春来的分析,说:"你很棒啊!分析得这么到位。事业心能激发强烈使命感召力,把事当成事业来干,就能激活人的主观能动力,满脑子找方法找工具。你把波特五力模型和SWOT分析法都用上了,特别是SWOT分析法用得非常到位。这两种分析工具,在企业经营中经常应用到,业务经梳理分析后,清晰明了,有利决策。"

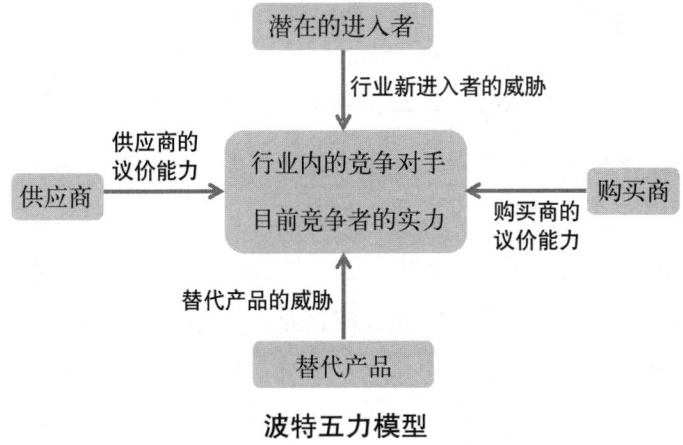

波特五力模型

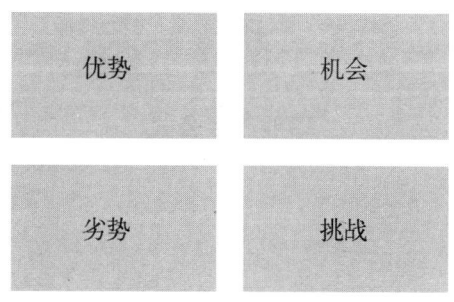

SWOT分析模型

春来说:"嗯,满脑子都是想做成事的想法,就愿意花时间认真看书学习,收获是水到渠成的事。为了达到模型工具的应用效果,我们团队在一起推演了四五次,前后用了一周时间。为减少业务转型造成基层员工流失,我向客户公司的高管朋友咨询,他们是世界500强企业,经常要解决因业务变动分流员工的问题。他们建议我提前把公司经营方向和转型推进思路告知大家,提前做好技能转型培训,尽可能让基层员工不因业务转型而离职,形成富有凝聚力的企业文化。于是我们先召开全员会议,统一认识,采取三年分三步走的策略,第一年摸清国内3D打印手板市场规模,主攻技术和人才,使企业人员有30人能够胜任,做到3D打印业务占主营业务的20%。第二年,巩固技术、人才和市场,使3D打印业务占主营业务的40%,60人能够胜任工作岗位。第三年,巩固拓展市场,技术、人才向国内领先看齐,使3D打印业务占主营业务的60%,80人能够胜任工作岗位。剥离注塑业务，不愿意换行或不能胜任的人员继续留在注塑业务中，若有员工能买下注塑业务则更佳，若不能买，维持现状。也可以考虑把这一块业务卖给合作的客户。模具业务保留部分，只做精密模具加工。"

"自我学习可提升动手动脑解决问题的能力，借助外脑能弥补理解偏差增加信心。有人指点，执行速度和质量都有保障。聪明人能听进他人的建议。你的企业转型规划非常好，企业、客户、员工都考虑到了。最终结果如何呢？"我快速问道。

"你猜呢，老万？"春来反问。

"我感觉，你的表情已经告诉我，应该基本是按你们的计划成功推进的。"

"嗯，我最自豪的是，员工和客户都没有因为我们业务转型而流失。员工技能转型，原计划是要分流近一半的人，最后只分流30来人，这30来人中有20人都仍旧留在注塑业务部，个人原因离职的有10来人。去年注塑业务在征得员工的同意后，卖给了老客户。"

"春来，不得不肯定你对企业转型的洞察力，前面你说过企业的转型实质是全体员工能力的转型，从上至下，所有人都要面对能力转型的压力。从你对转型的认识，就能判断计划执行算成功。三年三步走，前两年最难！"

上墙入心

"是的,第一年我们管理层都在摸索中积累经验。我们把提出的口号'手拉手,手把手,肩并肩,我们一起成长''您的加入,给我们带来了希望''有了您,我快乐''能力转型,凤凰涅槃,浴火重生'做成宣传海报,贴在公司的墙壁上,时刻勉励全体员工,传达转型不只是公司的事,更关系到每一个人的能力提升。因为要保留现有员工,所以我们采取精英招聘计划,只招3D打印核心技术人员、市场高手,通过高薪加股份吸引精英的加入。有了技术精英的加入,就能直接带动大家主动学习新技能的热情。"

我赞同:"上墙入心,凝聚斗志。看似很老旧的方法,但确实能不时提示大家,转型是每个人的事。技术精英、管理层看到海报标语,则能感受到自己身上的责任——我就是大家的希望,我要带领大家走向胜利。"

春来回道:"嗯,看着墙上的宣传标语,确实有一种舍我其谁的责任感在激励我突破内外障碍,走好每一步。另外,我们也从财务保障角度让大家安心做好本职工作。我们每年计提企业净利润的20%投入再生产,所产生的利润全归入员工共有账户。员工共有账户的初期设想是这样的,2008年能够顺利扛过全球金融危机,归功于我们没有分配企业利润,而是每年都存在账户中,关键时刻派上了大用场，我们希望员工共有账户的金额越来越大，最终形成基金的运作方式，服务于全体员工。"

"春来，真没想到，你的经营理念很具前瞻性。我经常喜欢说一句话'如果你的观念能领先同龄人十年，可以做一名优秀经理人；领先二十年，可以做一位卓越的企业经营者；领先三十年，可以成为一位受人尊重的行业大咖；领先五十年，你可以就可以成为行业领袖。'人的思想观念的超前性非常重要！"

"过奖了，老万。这么做其实也是根源于公司的愿景，公司财富是大家创造的，最终应回归到大家手中。当然，这么做其实也存在能力、创造力的差异而引起的公平问题，我尽己所能缩小各种因素造成的差距。"

我听完后，直直竖起大拇指，冲着春来连说："高瞻远瞩！从根子上保障大家参与的积极性。"

春来被我夸得很不好意思，他说："几年不见，你夸赞人的功力大涨。"

"实事求是，你的经营理念整整超出平均水平二十年。"

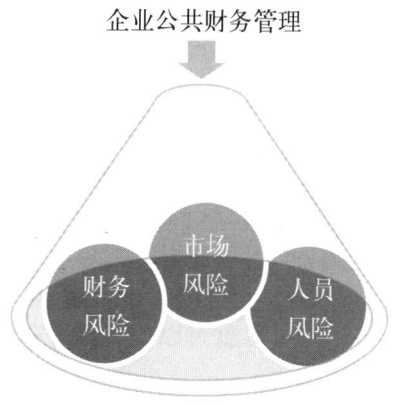

抵抗风险——企业公共财务管理

创造新环境

春来接着讲他的经历："说易做难，我们执行时并不一帆风顺。第一年遇到的困难有两方面，一是市场，二是员工，还好都找到了解决途径。市场方面，我们运气很好，除拓展3D手板制作外，让我们能跨领域发展的机会是接到北京一家科研所的机器人加工项目，机器人的很多零部件要定制，少量生产用3D打印加工性价比高。员工的转型难度很大，除了做通思想工作外，我们觉得有一个全新的工作场所，用新的工作环境、学习新技术引导员工对未来职业发展的向往。人在新环境中，容易形成新思维和建立新行为习惯。于是我建议重新装修办公室，购置新的办公设施，粉刷生产车间。环境变了，员工整个精神面貌大为改善。另外，我们还倡导大家都注重个人形象，给他人良好印象就等于送给他人一份快乐美好的礼物。"

我接着说："从环境到个人，从内心到外表，从上至下，个个都是精兵强将，有了他们，转型必将成功。现在社会发展的趋势，行业每隔十年就发生大变化，二十年会重大变革一次，这意味人的职业能力每十年就得调整，能跟上调整，收入增加，职业前景看好，跟不上则将面临停滞甚至被淘汰。二十年前机械加工以人工制作为主，今天以数字自动化为主，二十年后估计是无人自动化为主，而且加工精度会同步提高。人的职业技能调整和提升是伴随整个职业生涯的，在人一生当中，最少得调整或提升一两次职业技能，才能跟上社会的发展变化。春来，你确实用了很多精力来鼓舞、激励大家。无论做什么事情，如果方案的提倡者不带头先行，指望别人先行，肯定不会成功。"

相信自己能飞

春来说："我没想那么深，只是想收入要提升，就只有两个方法，提升产品价值和提升人均效率。提升产品价值主要是解决客户的需求难点，帮助客户提升工作效率。提升人均效率是采用先进生产设备和增强员工技能水平。这两个方法的实现基础又回到个人的心态和行为上，需要每个人都以饱满的精神状态投入创造产品价值和提升效率中去。精神面貌状态好并不需要拥有很好的面容和身材，而是要有一种内在精气神。'相由心生'说的就是这个道理，我们公司不是"外貌"公司，用人选人标准德才并重。三年三步走计划，我们是边走边摸索，循序渐进往前走。每当遇到经营难题时，我总是回到原点思考——我们创业的初心是什么？我们的企业使命与愿景是什么？我们经营企业的根本目的是什么？假如在这里还找不到答案，我会思考自己的使命和价值观——这是不是我所需要的？如果是，我将如何去抉择？"

"嗯，说到此，我想起日本央行行长黑田东彦推行日本金融改革时讲到小飞侠彼得潘的故事，故事里面说'一旦你怀疑自己能不能飞，你就永远失去这种能力。''如果你想飞，你就要相信自己能飞。'生活中很多事均是如此。回到原点思考初心是什么，是一个非常好的自我检查的方法。"

春来接着说："是的，老万。人要相信自己的潜能，相信，才会尝试去行动；不相信，哪还有尝试的机会？有了第一年的摸索，第二年就好多了，在业务进展还顺利的前提下，我们决定把公司从东莞大岭山搬往深圳沙井，虽说还是在郊区，但深圳交通便利。"

我回应道："嗯，深圳的地理、交通、商业、人才等条件确实都更好。"

春来接着说："第二年有一个转折性的机会就是我刚

跟你说的去参加在美国拉斯维加斯召开的国际消费类电子产品展览会，能通过参会拿下科幻影片道具的订单虽说有偶然性，但我们前期3D技术的积累很关键。现在我们的3D打印业务包括定制道具加工、机器人外置件加工、手板加工。未来可能会往人体仿生骨骼、军民两用机械外骨骼业务发展，这两块的市场潜力很大。我们的优势是工程设计、3D打印，不过3D生产链还需要突破。劣势是我们的电气、软件设计不足，目前只能给研发机构做加工。这是未来五年的业务发展构想，具体得看业务推动情况，毕竟在移动互联大连接的时代，AI人工智能技术发展迅速，商业模式、新材料新技术每天都在突破。只要坚持，总有一天花儿会绽放。"

假如生活欺骗了你

春来随口背诵大诗人普希金的《假如生活欺骗了你》。
假如生活欺骗了你，不要悲伤，不要心急！
忧郁的日子里须要镇静：相信吧，快乐的日子将会来临！
心儿永远向往着未来；现在却常是忧郁。
一切都是瞬息，一切都将会过去；
而那过去了的，就会成为亲切的怀恋。
"你有两把刷子，不但关注前沿科技，还诗情画意，好诗百听不厌。面对压力时，琴棋书画诗酒花茶，使人放松宁静,这与运动和旅游一样,能让人神经放松,缓解疲劳,恢复精力。春来,我突然冒出个问题,在公司经营管理中,你觉得什么最关键?最常犯的错误是什么?"

以牙还牙教坏你

春来回答我:"我觉得,人影响人很关键。多数时候,我们一不小心就被他人影响。积极向上的思想行为可以激励我们成长;但负能量和不良思想行为则会将我们带入歧途。我觉得不只是经营管理中常犯错误,人生成长过程中也会犯错,特别是在早期成长过程中,三观、行为都不定型,容易受外界影响。"

"嗯,见闻洗染。有趣的是人与人交流是一个互相影响的过程,怎么区分好与不好呢?你还没回答完提问呢?"

春来继续:"嗯嗯,你这是要我从错误中找激励的方法。'以牙还牙'的杀伤力最大,貌似很简单的四个字,却真实反映人的情绪和行为非常容易受他人的影响和掌控。人际交往中,如果觉得自己的利益受到侵犯,就会与人发生冲突。大多数人会'以牙还牙',这实际上是人与人之间负能量的传递。"

我说道:"是的,这确实不是一个好的回应方式,特别是在家庭成员之间,团体内部矛盾当中。"

春来说:"嗯,这有点绕,举个实际例子来说明吧。

我们有个同事，设计水平很好，但不怎么擅长与人相处，经常与别人发生一些小冲突。有一次，制作组需要一份图纸，要求他提前一天出图。他有点不乐意，带着火气与制作组的人说有几个关键数据还不能确定，出不了。制作组的人开始还耐心解释，后来就带责备的口气说，不是我要你提前出图，是经理要求提前一天完成。于是两人就发生争吵，最终还得经理协调。等到第二天，制作组的人按他出的图去做，结果出错了，延迟交货。从此两人矛盾加深了。'以牙还牙'很容易让矛盾升级，如果一个组织中，大家都'以牙还牙'，无意中就会把每个人的缺点都互相学一遍，用一遍，这会对团队凝聚力造成很大的危害。团队中的'以牙还牙'行为会造成相互指责、推卸责任的工作氛围，个人的'以牙还牙'行为则导致人际关系紧张，不愿承担责任。"

我认同："以牙还牙'容易引起大家互相攻击，把小事变大。在工作和生活中要经常提醒自己别上'以牙还牙'的'套'。我有一个参考方法避免'以牙还牙'，就是紧盯大家共同的目标，假若共同目标是拥有良好的工作环境和人际关系，就应该用包容的方式回应对方。实在遇到不讲理、爱搬弄是非的人，更不要同他一般见识，不然你很容易变成他。"

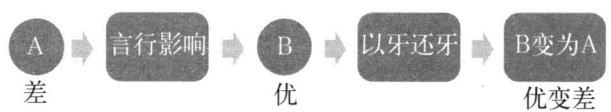

人际影响模型——以牙还牙——负能量影响

以德报怨是正解

"是的,要向擅长处理人际关系的人学习,做到宽以待人,严于律己,用他们的行为和思想来激励自己,做到'以德报怨'才是自我修炼的最高境界。"春来说。

我回应道:"'以德报怨'可以激励我们相信正直的品德能融洽人际关系,正直是自我升华。"

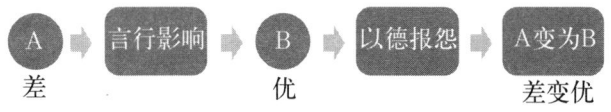

人际影响模型——以德报怨——正能量影响

自己先行

没有时间感是人生最幸福的时刻。身心合一,集中精力关注当下,把当下的事情办好,再给自己一个赞。

我俩不知不觉就走出奥林匹克森林公园,来到新奥购物中心,里面有各式风味的餐厅,我们选了一家京味餐厅，点了几个特色菜。

坐下喝了口茶，我说："春来，今天跟你聊天收获很大，我总结一下。'行动的起点——自己先行'，正所谓'人不率，顺不从；身不先，则不信。'你手受伤、治疗、康复、重新启航、下定决心、自己先行、鼓舞大家、循序渐进推动三年三步走转型计划，都以自己行动为开始。你用饱满的精神面貌去感染同事、客户，赢得他们的支持，并使他们和你一样用热情的面貌、眼神、语言、行为再去影响他们周边的人。于是整个团队、客户被你点燃了，大家热火朝天地投入实现企业使命愿景中去。你的学习能力非常强，目光长远，是个有想法、富有激情的领导者。你懂得调节人的精神状态，能按照人体的周期性生理反应来调节自己精神状态。对事负责，从自己开始，你确实践行得非常棒。"

"老万，老万，先停下。你总结得很好，但我没你说得那么好。我只是一个多花了点时间去思考去做事的普通人，用自己所懂的道理去待人做事。"

服务员上齐菜，我们要了瓶啤酒，我平时喝酒少，不喜欢酒后上头晕晕的感觉，春来的酒量比我高。"葡萄美酒夜光杯"的景象，"将进酒，杯莫停"的豪情，"酒逢知己千杯少"的欢快，中国的酒文化源远流长，喝酒总是能让人找到一些激情，特别是对于好喝酒的人来说。

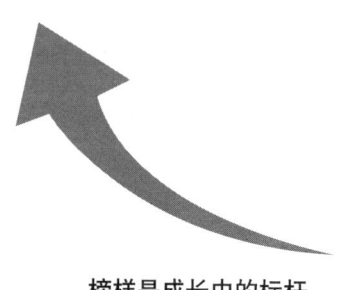

榜样是成长中的标杆

❻ 奖励自己

无酒不成宴，无奖不激励，老的套路，自然有它的合理之处。要奖就得先奖励自己，这是人性，请尊重；调节性奖励，时时都可用；物质奖励满足基本需求，见效快失效也快；精神奖励是情感体验，可遇不可求，可终生回味；奖励体现不同的需求价值观。

最先奖励谁

春来喝一口杯中酒，说："今天聊得透，平时我经常反思，但效果不如两人一起探讨。"

"是的，有人互动聊天，能顺着思路和灵感把事情聊透想透。春来，继续讲你的故事。"

春来说："使命目标有了，就要脚踏实地一步一步向前走。人的使命愿景的雏形来自年少时的成长经历，成年理解社会后，规划人生目标，就要切合实际，别好高骛远。短期目标以现有的能力和资源为基础来制订，可以略高一些。不断实现小目标，是积累信心、能力、资源、经验的重要途径。等信心、能力、资源、经验都到位后，可以设定更接近使命愿景的大目标。"

"嗯，接下来呢？"

"目标实现了，就得再找下一个目标，直至激情耗近，生命终止。"

"然后呢？"我拿起酒杯，向春来示意碰下。他端起酒杯，轻轻碰杯。

"在实现目标的每一个过程中，要学会奖励，首先是奖励自己，然后是他人。"

我问："奖励自己排首位的理由是什么？"

调节性奖励

春来回答："我的逻辑观点是，要从奖励自己开始，奖励也应该由己及人。每完成一项关键性的任务，都得打赏自己一次。可以是好酒好菜犒劳，可以是放松娱乐活动，也可以是精神层面的奖励，方式多样。我估计你是往单一的物质奖励方向想。"

"嗯嗯，第一反应是朝物质方向去想。当你说到放松娱乐活动时，我立刻就明白了，奖励包括很多种类。"

春来接着说:"是的老万,反应够快。我所指的奖励很广泛,就讲三种奖励方式。第一种是小奖励,是针对日常性工作中的目标达成和一项任务中的小项目目标达成。无论事项大小,我都会设定各阶段的完成时间,在规定的时间内按质按量达成目标,就奖励自己。对大目标,可以对阶段性目标的完成进行奖励,不要等到最后完成才奖励。每天完成小目标,可以奖励自己,方式有放松、跑步、健身、喝杯茶、吃东西、出去转转等。我把缓解工作压力、调节身体状况的方法纳入奖励,理由是,日常性的工作目标、小工作目标、小生活目标达成所获得的奖励应该是调节性奖励,主要是针对人体精力的恢复。有研究发现人最有效的一次性工作时间为40~50分钟,过后休息10~20分钟,工作效率更高。这与人体的生理周期是一样的原理,注意力的保持是有时间限制的。一般小的工作目标完成后休息片刻,有助于提高效率,养成良好工作的规律。"

"嗯,你的逻辑说得通。广义理解奖励,有助于提高做事效率。奖励有助于强化行为,能激励我们重复同一行为,在大脑内建立条件反射神经回路。把每一项事件、任务的达成都列入奖励的范畴,久而久之,就养成办事果断高效、注意力集中的行为习惯。奖励自己是培养高效做事,提高自我效能,劳逸结合,兼顾调养身体的好方法。非要等到完成一个大项目后才休息,很容易把身体搞垮,不利于大脑休息。大脑需要定时调节,脑子迟钝木讷时,不如放松,待恢复后再工作,效率会更高。"

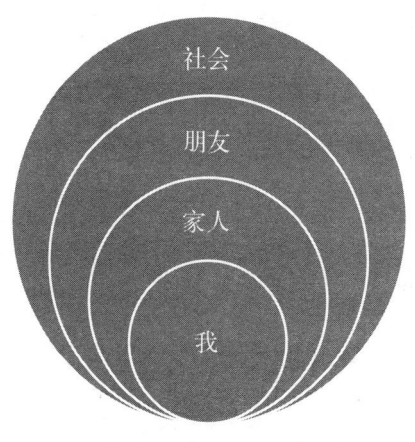

奖励的顺序——先己后他

休整性奖励

春来说:"小项目目标达成后的奖励,既能调节身体,做事又不枯燥,很有意思,如同自己和自己做游戏。"

我问:"那么,第二种奖励是什么呢?"

春来回答:"第二种是中等奖励,是针对阶段性目标的达成和周目标或月目标的达成。奖励的方法有放假、爬山、全家出游一两天、吃大餐、买喜欢的东西、与人分享喜悦、做一件自己想做的事、举行小规模的庆祝等。每完成一项阶段性的任务,就得休整一次,休整有两个作用,一是总结分享经验,二是恢复精力,毕竟只要是目标,都有难度和挑战，都会消耗精力。总结经验有利于找到更好的解决问题的方法和发现不足之处，分享经验可以凝聚人心，共享成果，是积累经验成本最低的学习方法。恢复精力，有事半功倍、以逸待劳的作用。人体会累，人脑会慢，不休养，过度透支，身体垮了，就什么都没了。有了健康的身体，理想、名誉、钱财、家庭才有价值和意义，无论何时，都得关照呵护自己的身体。"

大奖励大庆祝

我认同："嗯，一起分享经验，从奖励的角度理解有两种效果，一是提高团队的凝聚力，二是把成功和失败的经验分享给大家，这等同于传授大家新技巧或好经验。"

春来接着介绍："第三种是大奖励，是针对年度性或跨年度目标的达成和重大事件或大目标的达成。奖励的方法是度假、购置大件物品、开中大型庆祝会。开中大型庆祝会的奖励，激励效果最好，无论是对激励自己，还是激励大家都有重大意义。开中大型庆祝会和举办活动仪式一样，能让人产生永久性的回忆。在许多人面前分享成功的喜悦，比获得物质性的奖励感受更强烈。物质奖励可以满足各种基本生理需求，适合重复奖励，见效快，但效果去得也快。庆祝大会则是一笔丰厚的精神奖励。精神奖励是情感体验，可遇不可求，很难重复奖励。从情感体验角度看,精神奖励比物质奖励的效果要持久,一件感人的事,可能令人终生难忘。"

我深受启发:"举行庆祝会的激励效果最好,过去,我没仔细想过举办庆祝会能起到鼓舞人心、留下美好回忆的作用,只感觉庆祝会有点虚,效果不大,不如来点实际的,发奖金奖品。现在我明白,在庆祝会的大舞台上面对大家的喜悦和兴奋,是何等令人激动难忘。"

春来笑了笑接着说:"我有一个观点,凡事得身先士卒,奖励同样如此。而且,我特别认为,自己做不到的事情,指望别人去做,有点不切实际,最起码在创业期和新领域,要特别强调身先士卒,率先冲锋的示范作用。"

我说:"是需要自我奖励,我很认同你的观点,只要在规定的时间内完成任务或达成小的目标或阶段性的目标,就可以随时随地给自己一些小奖励,以调节性、放松性奖励来强化高效率工作的行为。但你说,凡事得身先士卒,我觉得也不见得什么事情都得一马当先,亲力亲为,一是没有那么多时间和精力,况且不是所有的事你都擅长,不擅长的事情怎么身先士卒?"

身先士卒,率先垂范

"嗯,老万。我明白你的意思,但做任何事情身先士卒,率先垂范肯定是对的。即使在不擅长的领域,也得把关注力放在上面,不擅长,可以找专业的人做专业的事,但作为事情的主要负责人,肯定得把主要精力放上去。一定要关注,这种关注力也是鼓舞大家,与大家同舟共济,是身先士卒、率先垂范的表现。而且身先士卒、率先垂范并不完全等同于亲力亲为。在一项工作启动时,肯定要主抓推动,随时掌握关键性节点的进度,等任务启动了,就要逐步把它转交给专业的人去做。当然,遇上一点都不懂的项目,也可以把工作重心放在盯人上,盯住负责人,随时向他了解进展情况,看是否需要帮助协调相关的人财物等资源。"

我说:"嗯,明白。集中精力关注也是一种身先士卒、率先垂范的表现。以后,我得学会自我奖励,特别是针对日常工作、小项阶段性目标的达成。随时随地地奖励自己,调节性奖励最适用。与操作性条件反射理论一样,正强化自己高效做事的行为和观念。"

"老万,你总能帮我找到理论的基石。"

"春来。理论本身就来源于现实工作和生活,只不过是,理论把工作和生活中各种经常出现的现象高度总结归纳出来,便于大家学习和记忆。春来,再具体说说你三年三步走转型过程中的奖励故事吧。"

"嗯,有时想想激励自己真的很简单,当你走在前面时,家人、朋友、同事、社会中与你有关联的人都在看你,他们都在鼓励你当好表率楷模。每天做一个表率出来,就是在助力自己走向成功。"

"春来，你真正领悟到了自我激励的本质，明白了就变得非常容易。"

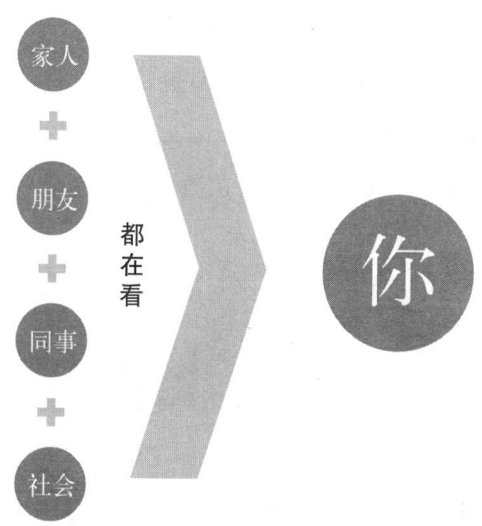

率先垂范即自我激励

零存整取的激励

春来说："奖励他人也可以用调节性的奖励方式，但不能太随意，需要相对正式。我们公司三年三步走的企业转型奖励，按照工作进度来实施，每达成阶段性的目标，都召开总结分享会议，通过会议找出能顺利达成阶段性目标的关键要素，要素背后的提议人、执行人，都会得到奖励。主要可以从五个方面奖励：奖金、物质、晋升空间、扩大授权范围、荣誉。这五个方面的奖励，取决于奖励对象喜欢和关注的点，他最希望获得哪方面的奖励。这需要平时用心观察团队成员，只要用心观察，就能发现每个成员希望获得的奖励。当然直接问也行，但是会缺乏意外的惊喜感。我们还会联合其他公司组织青年员工爬山、郊游，解决他们交友的需求。"

"嗯，有没有担心，当员工的期望高于能够获得奖励的上限时如何处理？"

春来回答："这种情况经常出现。每家公司的盈利能力和空间都不同，特别是小企业，受制于有限的财力、物力，做到奖励到位确实是一件非常难的事。我们通常的做法是零存整取。奖励分为两部分，一部分是当时就要兑现的小奖励，重在意义性和实用性，如休假、纪念品、小额现金、聚餐、电影套票等；另一部分则要留存在企业功勋册上面，以股权或大额现金形式奖励。股权奖励或大额现金奖励，都是以零存整取方式给予，颁奖的频率是三到五年一次。还有就是每年底的表彰会，每个部门、每个业务模块都有评选活动，奖项类别较多，如最佳创造发明奖、最佳效率奖、最佳营销奖、最佳团队奖、最佳支持奖等。由于奖类较多，所以奖品以实用、纪念性为主。"

"嗯，这个零存整取很有亮点，既克服企业财力有限的困难，又保证了员工绩效达标的奖励。"

仪式激励——掌声响起时

春来接着介绍:"企业每年年底的表彰庆祝会是非常重要的,大家辛苦了一年,无论业绩好坏,我们都会举办。无论企业业绩好坏,都要尽可能办一场非常有意义的表彰庆祝会,让每一位同事都有机会站在主席台上。企业规模小的好处是大家都有机会轮流上台表演,发表观点建议。员工上台的形式有表演节目、获奖、发言、提合理化建议等。每一位员工都可以体验登上舞台的自豪感,都可以享受台下的热烈掌声和羡慕目光。"

我说:"掌声响起时,心中无限感慨,令人激动不已。春来,你考虑得很周到,从物质奖励到精神奖励,有即时奖励,有年底表彰。公司的舞台属于每一位员工,每一个人都可以上台体验观众满堂的感受。通常主席台给普通员工的印象是近在咫尺,又遥不可及,自己永远是坐在台下的看客,但在你们公司,大家都可以体验上台紧张又喜悦的心情。以人为本的经营管理思路,在你们公司实践得非常好。"

"所以建立有仪式感的颁奖过程,更能鼓舞人心。"

"嗯,仪式感虽然多数给人繁文缛节的印象,但仪式感确实能给人带来不同寻常的体验,结婚仪式、毕业典礼、入党仪式、各种宣誓都有勉励和约束的双重含义。勉励的作用是激发大家为信仰、为使命、为目标努力奋斗,约束的作用是督促自己用更高的道德行为规范要求自己。仪式感能让人产生持久性的记忆,有规范、约束、激励自己的作用。"我补充。

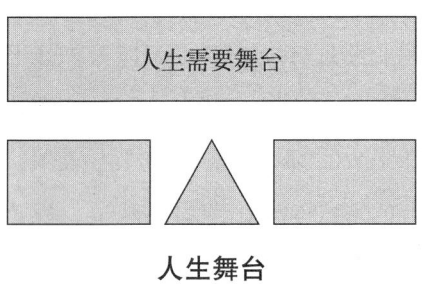

人生舞台

把激励融会贯通

我对春来说:"春来,又得表扬你!你快把马斯洛的需求层次理论给用活了。从基本的生理性需求、安全需求、社交需求、尊重需求到自我实现需求都融入了你的管理实践工作当中。物质奖励大多数是满足生理性的需求,而且生理性需求奖励,频率可以高,生理性需求的特点是刚性的重复需求。安全性需求是让大家参与到公司的经营活动中去,让他们感觉企业是他们的第二个家。社交需求、尊重需求从你们组织本公司青年员工同其他公司的交流活动,年终表彰庆祝大会的舞台向每一名员工开放得到满足。自我实现需求则体现在'工作和生活更美好'公司的使命、价值观上面,并且你率先去实践。"

"哈哈,老万,我讲得多,你梳理得多,搭配恰当。我的实践,你的概括,珠联璧合,非常完美。"

午饭在我一言、你一语中愉快度过。

告别是为了再相逢

走出餐厅时,我和春来绕着"鸟巢"体育场走了一圈。然后我送春来回酒店,时间已临近五点。晚上他要乘八点半的航班回深圳,剩余的时间去机场正合适。

分别的时候到了,我们抬起头,彼此凝视一眼,春来笑说:"老万,激励从你我开始,从使命目标开始,保重身体,努力奋斗!"我会心笑了笑,期待着下次再同春来相逢。

目送春来离去后,回顾我们一天的交流,春来所讲的都是自己的生活和工作经验,我所讲的主要从书本和课程中获得,我们是非常好的互补学习对象。接下来的路,需要自己一步一步往前走,每向前一步,都有一个奖品,别人不给时,记得一定要给自己奖励,一个微笑,一个"我真棒"都可以。

第八章 团队激励

与春来暂别,走完了自我激励之站,下面将迎来团队激励之站。人多,角度就多,观点也多,收获启示自然多,这里有一个团队在为您做参谋。外企HRD美英介绍目标可视化、领导行动力坎、合理化解释;80后互联网管理者悦亮介绍头羊效应;学者邢教授精彩点评;我跑龙套,请跟我来,再出发……

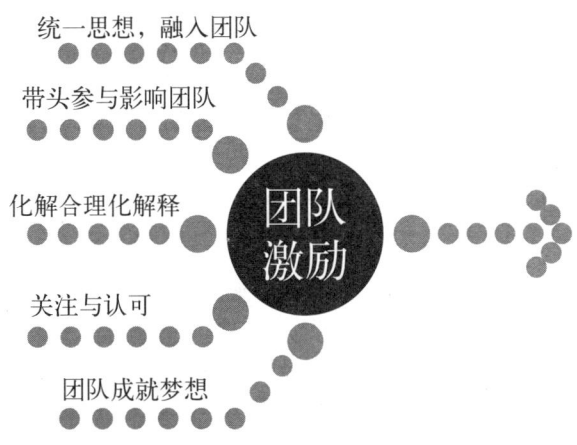

团队激励步骤

一 点燃思考的引擎

不同人有不同的工作和生活经历,描述的故事也各有特点,只要你用心听,愿意分享,都可以获得帮助。

身教还是言教

春来的到来,激发了我向前冲的动力。无论是他取得的成绩,还是他的行为和思想理念都值得我效仿学习。有样学样,何况榜样就是身旁好友,对我的影响力和激励作用更大。越是经常与我们交往、接触频繁的人,对我们的思想和行为的影响力就越大。亲朋好友同事领导对我们的磁吸效应比接触频率少的人要强很多,他们的身教胜过言教。身教和言教与距离远近有直接关系,距离近主要靠行为影响人,距离远主要靠思想影响人。距离近知根知底,他人看的是你我做了哪些事哪些行为;距离远,比如名人和专家都是通过思想观点影响大众和粉丝。就激励的效果来讲,越是离得近的身边人产生的激励效果越大。同理,你想影响谁,就得在他眼前表现出良好的行为模式,因此,懂得自我激励是激励他人、激励团队的第一步。

遗憾的是现在不能与春来共事,不然他对我的影响和激励的作用会更大,磁吸效应会更明显。不过现在我明白,我需要找到有共同使命目标的团队,或者在自己所属的团队中影响和激励他人，持之以恒互相学习、影响、激励，最终实现人生使命。

现在就开始行动，清晰定位人生使命，敞开心扉去倾听、接纳、效仿和学习一切有利于使命目标实现的人和事。2012年伦敦奥运会开幕式上，演员朗诵莎士比亚《暴风雨》的台词：

Be not afraid, The isle is full of noises,

Sounds and sweet airs that give delight and hurt not.

不要怕这岛上充满了各种声音，

使人听了愉快，不会伤害人。

只要是能够促进自我发展和完善的思想和行为都可以用积极肯定的心态去学习和推广应用。把自我激励的成功经验分享到团队和组织中，逐步把影响面扩大，就能形成互动共鸣，迭代效应自然会增加。假若整个团队的积极性增强，自然能反过来影响团队中的每一个人，然后再持续影响、叠加扩大，最终积累成稳定的企业文化。

个人力量与团队力量比，是微不足道的，团队在资源和创造力方面远远高于个人。三个臭皮匠顶个诸葛亮，人多力量大。个人的意志力和激情会随着身体健康、情绪压力的状况发生变化。个人状态好的时候，可以向团队输入积极的影响力，个人状态不好的时候，团队积极向上的氛围能鼓舞个人。正能量不断提升，大家的凝聚力、战斗力就强，目标实现的可能性加大。

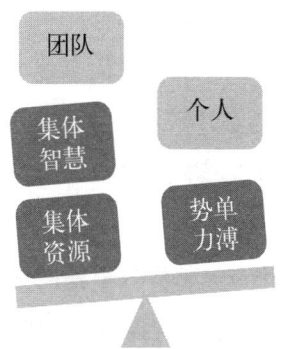

团队力量大于个人力量

效率提升自信

我周三下午在公司设计课程案例,反复更换案例,一直定不下来,拿不准方向,精力都消耗在徘徊、犹豫上。有时真想随便选一个,但还是觉得不能勉强。精益求精,追求卓越是优秀品质,但有时会与追求效率发生冲突。学会提炼关键性要素,既可以保证品质,又能提高做事效率。没有效率,事情的推动将遥遥无期,久而久之就拖延成性,激情消耗,最终一事难成。效率的另一个作用是提升自信心,人的自信心源于过去成功经验的积累,目标达成能促进自信形成。

我决定先提炼出选择案例的四个关键要素。

第一,案例与例证主题的关联度。关联度越强表明针对效果越强,信服度越高,这样才能解决大家的疑惑。

第二，案例的普遍性。普遍性广，易理解好效仿。

第三，案例的时效性。能提高案例的时效性和鲜活度，才容易让人快速展开联想，有助于产生共鸣。

第四，案例的活跃度。可以吸引大家加入案例的讨论，发表各自的观点，起到互动加深印象、启发思路的作用。

把标准先提炼出来，工作效率就能提升。按照提炼出的这四个关键要素，我没怎么犹豫，就确定了要选择的案例。

搞好方案，我有意识地提醒自己，学以致用要强化重复才能成习惯，现在我需要的是自我奖励，用调节性奖励，喝杯茶，放松十分钟。

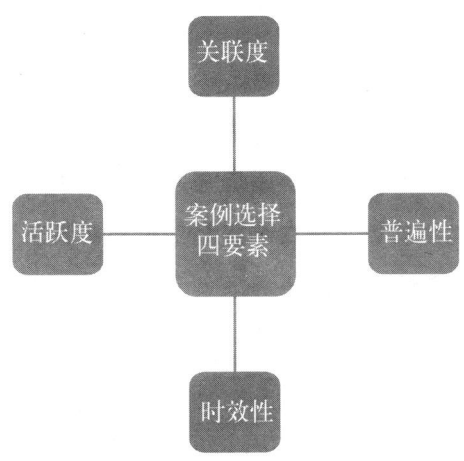

案例选择四要素

时间在哪里，成效就在哪里

以前的同事美英发来信息，问我下周二下午有没有时间，她联系好上次给我们讲激励课程的教授和几个朋友，一起交流激励在企业中的实践运用。我回复有时间，可以去。她告诉我地点在中国美术馆附近的咖啡厅，到时与我同去。参加者要准备一个40~50分钟的企业激励案例发言，让我提前做好准备，提高交流效果。我答应。讲春来的案例就行，正符合案例选择的四要素，虽是拿来主义，但分享价值高。

种瓜得瓜，种豆得豆，时间花在哪里，成效就在哪里。最近的时间花在琢磨激励上，收获自然是获得激励。最近我身心健康，修身养性给我带来的变化是，每周至少锻炼一次，营养均衡，按时睡觉，保持心态乐观，对人对事多包容，平时注重仪表。除了内在的精气神外，还需要有个外表包装，比如公司环境，我动员大家一起来参与办公室空间的装饰布局，让大家感觉变化就在身边。以往的生活经验告诉我，这种状态总是一时兴起，昙花一现，持续三五个月就结束。但此次，我想，我要下定决心，重塑习惯，战胜习性。

周二下午一点钟，美英准时来到我公司，她今天穿得很干练。上次听课遇见，我们没来得及交流，平时有事时，也都是通过微信、电话沟通。我们原来在一家咨询公司共事过三年，后来她跳到甲方做人力资源岗位，经过多年努力，现是一家外企的HRD（人力资源总监）。

我们开车去咖啡厅，在车上聊了近几年的职业体会。虽然彼此都在一个城市，但一年下来有半天一天深聊的机会并不多，理由是大家都在忙。

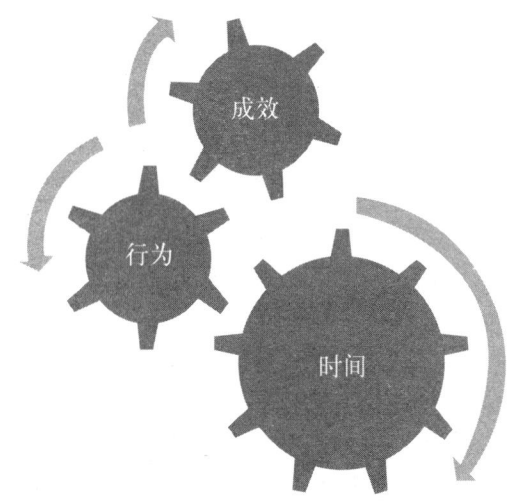

时间在哪里，成效就在哪里

宁静的咖啡馆

一生中我们与许许多多的人擦肩而过，能认识和来往的人，或多或少与自己有些共同点。大家为一个目标走到一起，实现后，又各自为下一个目标重新组合，n多个回合下来，能再走到一起的人并不多，中间会丢掉一些人，也会加入一些人。如同一列远行没有终点的火车,旅客无论是否相识,都会因有相同的目的地而上上下下。

在路上,我问美英:"参加聚会的人你都认识吗?"美英说:"我可能只认识你和讲课的邢教授,据他说,都是上回听课的学员。"

我又问:"这次活动谁组织的?"她说:"我提议,邢教授组织,在我提议前,已经有几个听课学员通过电话询问邢教授一些关于激励的事情。教授也想听听近一两年企业激励的实例,有助于探索深层次的激励行为。于是他出面组织这次活动,让我邀请一两位有兴趣的朋友。"

车程二十来分钟,找地方停好车,我就随美英走进胡同里的咖啡厅。我俩进到预定的房间,邢教授已经站在里面,他旁边还站着一位小伙子,三十出头。美英把我引见给邢教授。邢教授穿着一件咖色V领毛衫,搭配白色衬衫,黑色西裤,三七开发型分得很平整。小伙子一身运动休闲装扮,枣红的上衣加小星点格子蓝布裤子,热情放松的表情,让人感觉青春阳光,有亲和感。

美英介绍后,邢教授开口说:"大家都不用客气,叫我邢老师就行。这位年青的小朋友是某互联网公司的产品总监王悦亮。"我和美英都说:"真有名如其人的感觉,热情阳光,听着就让人欢心。"小伙子腼腆地笑。

我们围着一张长方形的六人桌落座。从进到咖啡厅,我一直在观察,这家咖啡厅外部主体结构是中国传统四合院式样，内部装饰则是北欧风格，中国的天地人、和谐、宁静的元素与北欧简约、自然、现代的风格完美融合。这样的环境非常适合深入交流讨论，相信今天将收获许多激励的技巧。我和邢教授各要了杯红茶，他俩分别要了拿铁和意式咖啡。

齐聚论激励

邢教授说："我们等一小会儿，另一位朋友也快到了。今天的主题是激励在企业中的实践应用，一是请诸位帮我提供一手的案例用于教学，二是大家一起分享可行的激励思路和方法。距上次讲课两个半月了，大家可能回去运用过课上的知识，也可能还没有合适的机会用，上次是以我为主，这次以大家为主，希望大家打开思路，畅所欲言。这家咖啡店的主人是我朋友建平，他原来在丹麦做了二十来年的设计工作，四五年前回国照看双亲，现在是自由设计师，按自己的心愿开了这家咖啡店，丹麦是童话大王安徒生的故乡，他就把店名取为'童话'。这里全部设计均出自他手，很适合聊天，整体氛围轻松、宁静。"

美英说："嗯，刚进来时，还以为是四合院式的茶馆，进到里屋后，有穿越国外的感觉。"

小伙子王悦亮说："嗯，现在互联网公司的茶歇厅，都设计成简约装饰风格。与公司的茶歇厅相比，这里显得雅致，商业咖啡店的环境要好于公司茶歇厅。"

邢教授回复说:"嗯,听建平说这个咖啡厅的设计难点就是选择什么样的风格,他听到你们的好评,会很开心。"

正聊着,走进来一位身穿蓝色休闲西服的男子,有点风尘仆仆,看见我们就开口说道:"邢教授好,大家好,来晚了,临时处理点事情,抱歉。"邢教授说:"外光,你的点掐得很准,早到三分钟。"男子回道:"您真会体贴人,只要大家先到,我最晚就算迟到。"。

邢教授简要介绍,他叫陈外光,在一家央企下属的二级投资公司任高层。寒暄一会儿,就言归正传。交流由邢教授主持。

● 统一思想,融入团队

团队需要有统一的思想,明确的目标。当你发现公司管理的基础先天不足时,该怎么管理?怎么激励好大家?巧媳妇难为无米之炊,追本溯源,你准备好了吗?你先激励了自己吗?一起来找方法,找思路……

硬指标吸引人才

"今天来的各位老朋友、新朋友都在企业中担任中层以上的管理岗位,来自不同类型的企业,这有助于大家相互借鉴激励的经验。现在大家来发言，我主听，你们主讲。"邢教授说。

美英接过话题说："这里就我一个女性，我先讲。先介绍下我的工作背景，我在咨询公司工作过几年，后来改做人力资源，有十年的HR工作经验。从HR角度看激励，我感觉团队的激励最为重要。在我的分享过程中，非常希望邢老师和各位可补充好的方法。"

邢教授说："嗯，没问题，你只管说，我可能随时打断你的发言，要做好准备。"

我们几个没说话，用微笑示意赞同。

美英说："团队激励的目标是提升团队的动力、凝聚力和效率，我们公司是一家制造高端仪器设备的美资企业，公司拥有成熟的跨国管理经验。绩效导向，以人为本是我们的经营理念。虽然我们非常重视新老员工的培训，但企业也奉行'选对人，比培养人更为关键，改变人的思维和行为是非常有挑战的事。'所以在社招时，我们要求非常严格，需要层层面试。当然，我们公司的薪酬和福利比同行同岗要高30%~50%，个别岗位的比例还更高。"

王悦亮接过话题说："嗯，外企确实在薪酬和福利等硬性指标上有吸引力，办公地点环境也都很好，提升成长的机会多，校招时，外企对毕业生的吸引力非常强。当然央企、事业单位、科研单位、私企各有所长，但直观的薪酬、福利、环境、成长速度，现在外企仍占优势。"

美英接着说:"选人时特别看重他们对公司文化的认同度。我们注重个人能力,实行个人绩效与收入挂钩的奖励机制,但更看重团队协作。人力资源部会对应聘者进行优势测评,对校招的毕业生,要求他们的职业价值观与公司企业文化有较高的匹配度,匹配度不够,则不录用。专业技能两三年能够培养出来,但价值理念不好培养。"

邢教授点头说:"欧美日公司以丰厚的薪酬、福利,优美的办公环境,可预见的职业发展路径来吸引优秀人才加入,用马斯洛的需求层次理论,这些分别满足了生理需求(薪酬、福利、办公环境)、安全需求(可预见的职业发展路径,离职率低)。跨国公司、央企、行业标杆企业的先天优势是他们都具备薪酬、福利、办公环境、职业成长空间的激励优势。"

"嗯,邢老师说得很对。人均培训费我们在国内还算靠前。在员工关怀方面我们做得并不比央企差,如员工生日、年假期、亲属参观日、团队聚会、加班打车补助等,总部都有一套完整的福利制度。"美英说完,朝陈外光看看,笑了笑。陈外光友好地用眼神回应,没有接话。

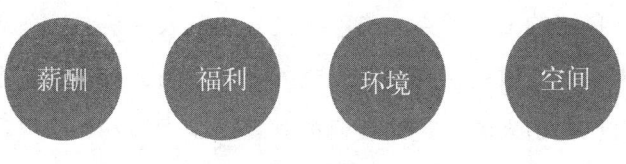

保健因素

让新人融入团队

美英说:"有上述物质和环境的硬件优势,都让我们的管理工作好做些。在软性的团队凝聚、使命目标认同方面,也有好的经验分享。新人加入团队,人力资源部做统一的企业文化培训。回到本部门,再由各部门经理开个简单的新人加入仪式会议,向新人介绍部门成员,工作中将同哪些相关部门来往,来往人员的姓名和个性特点,并指定由一名熟悉业务的同事帮助新人快速融入公司,常规工作岗位帮助半年,复杂业务岗位指定师傅带,校招'小白'会安排专人带。介绍完主要的工作职责后,部门直接领导会带领部门同事主动与新人握手,认识。如果时间允许,直接上级会亲自带新人去各相关部门做介绍。同一办公室的同事会主动帮助新人,包括办公场所、物品存放地点、领用办公用品、CRM管理软件操作等细节事项。传达友好、欢迎加入的行为,能让新人有安全感。"

美英喝了一小口咖啡接着说:"新人到岗,部门小团队可申请团建经费在外聚餐,促进大家建立良好的私人关系。良好的工作关系,离不开良好的私人关系。这些欢迎新人融入的做法,有些是'老外'带来的,有些是各个团队自己提出来的。过去我们的外籍员工占到20%,现在我们公司除了重要技术岗位和部门的大经理是外国人,大概占5%左右,其他都是中国人。"

企业文化融合"一三一"模式

悦亮说："嗯，这些经验我们可以借鉴尝试，以往我们都是以事情为导向。新员工加入后，不会向他全面介绍各工作环节，都是以项目推进为准，带新人熟悉项目负责人和任务流程。这种做法效率高，但忽视新人融入问题，新人早融入，对团队文化、团队目标的接受度才会高。先融入，再做事，有'磨刀不误砍柴工'之效。"

美英点头说道："悦亮补充得很好。新人融入表面是同事关系融洽，实质是让新人认同公司文化，接纳团队成员，认可团队目标，然后他才会真心接受分配的任务。融合后的团队做事效率自然比没有融合的团队要高。新人加入团队'一三一'是关键时期，'一'指第一个月，重点工作是互相展示友好的诚意，以人际关系融合为主，团队成员主动与新人交往，让新人感觉到同事都很友好，融洽的工作氛围是高效工作的基础。'三'指三个月内，重点工作是让新人感到他的能力被大家认同，让他有自豪感，有了自豪感就会产生安全感，安全感来自团队对他的需要。后面的'一'指第一个年头，入职一年后部门直线经理会主动找新人单独面谈两到四个小时，目的是使个人和团队达成一致的价值认同感，形成彼此依赖，增加个人和团队的黏性。同时总结他这一年对团队的贡献，了解他的职业发展预期和他对公司的建议。这种敞开心扉的交流是撇开绩效面谈,纯粹站在朋友家人角度谈话。大家可能会问,'这能听到真实的声音吗?'我不能说这样一定能听到员工的心声,但有一点可以保证,这种私下的谈话内容不会外传,这是我们的企业文化之一。谈话地点通常选择公司外面的咖啡厅,太忙时在办公室也行。新人经历"一三一"阶段,角色就逐步转变成团队文化养分的提供者,而不再是单纯的吸收者。"

邢教授说:"嗯,有些公司认为,把企业文化、愿景告诉给员工就可以了,实际上,这只是个开端。好比我给你们一本手册,担心你们回去不看,就召集大家过来,告诉大家手册中有哪些内容,需要注意哪些事项等,讲完后,再给一份试卷让大家填写。这样宣讲企业文化是走形式,实际效果有限。美英分享了一个非常好的帮助新人融入团队的方式,老带新,让新人快速融入团队,他们融入后,才会认同团队文化,与大家友好共事。每个人身上的文化气息是存在差异的,通过交流交往,才能汇成团队共有的文化气息。团队文化气息的形成,应该通过互相的行为感染为主,说教感染为辅。团队的重要作用之一是相互感染,行为感染要强于说教感染。"

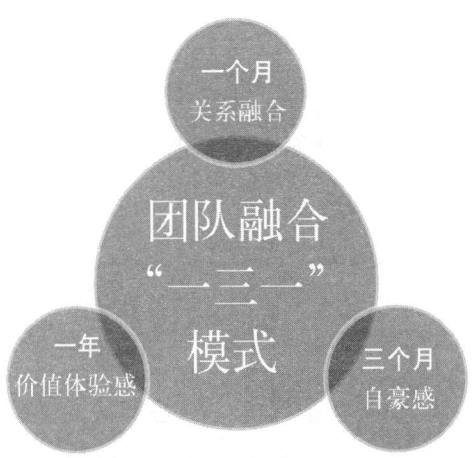

团队融合"一三一"模式

目标可视化

美英说:"嗯,让新人融入团队是必备工作。对工作目标的明确,我们采取的是反复沟通、死盯到人的方法。公司的绩效目标分为两大部分,一部分是国外总部指定,另一部分由中国区自己制订。公司确定好绩效目标后,再分配给各部门。部门经理拿到目标后,会按照产品、区域、能力、往年分配额把部门的额度目标分给个人,分到个人就成为个人绩效考核指标。只要是纳入绩效考核的指标,部门经理会每周检查,收到反馈问题,要求三个工作日内必须给出明确回复。部门经理的上级领导,能通过OA

系统看到每个部门的汇总数据，如果低于进度要求，他会主动约谈部门经理，详细了解具体原因，看需要他做哪些工作支持；若推进速度高于进度要求，上级领导也会主动找部门经理沟通，分析哪些因素促使目标提前达成，会共同总结，然后分享给其他部门，同时按价值的大小奖励部门经理。对直线经理，重点是要求会议的有效性。"

悦亮追问道："你们对会议的有效性是如何界定的呢？"

美英接着说："每周必开总结例会，会议有两个作用，一是了解目标推动状况，二是解决大家的问题和倾听建议。这项工作纳入直线经理的绩效考核指标，一线业务小组或部门每天都会开例会，时间控制在20分钟内，主题是讨论目标达成的状况和进展。日会周会，能强化大家对目标的聚焦，天天提，天天说，天天做，让达成目标的念头在每个人头脑中产生可视化的效果。当大家对目标产生可视化的体验后，就会主动去找达成目标的方法。目标可视化，这个灵感来源于市场营销学中的用户体验感。我们做的方法比较简单，就是告诉大家目标达成前中后的各种场景变化，比如达成了可得到绩效奖金，还能提升能力，把团队声誉传到中国区、亚太区甚至总部。关于物质和精神方面的体验，经理会描述达成目标后的喜悦心情和奖励，看似画饼，实际是一起畅想未来。当然，直线经理不会天天描述未来，但肯定会天天提、天天说、天天做与目标达成有关联的事情。"

激励要看得见想得到

邢教授接过话说:"这点非常好,目标可视化,让大家知道目标实现后的场景画面,通过语言的力量,告诉大家目标实现后的体验感受。愿景是人想象的画面和感觉,不好具体化,但目标能具体化,是明确、可衡量、可达成、有相关性、有时间限制的。如果能做到目标可视化,就能吸引大家提前体验目标达成后的喜悦之情。目标可视化的重点是在于团队成员对自己、对团队领导者、对公司三者的信任。如果对三者都很信任,那么对团队成员来说,目标实现的概率就非常高,他完全可以享受目标达成后的快乐体验。目标可视化运用不恰当,会产生说大话、吹牛皮、放卫星、提前透支激情的问题。我认为团队管理者可以根据所能掌控的资源,把目标可视化,这需要语言能力,也需要物质奖励的支撑。在目标达成的过程中,奖励的大小不是重点,重点是团队领导者营造员工获奖时的体验感。把目标可视化的能力很重要,能够在关键时刻号召大家坚持、坚持、再坚持片刻。团队领导甚至可采用稍微激进夸张的表达方法,让大家提前体验达成目标的欣喜感,给大家带来希望。只要你是用心的,即使最终没能达成目标,团队成员也能够客观看待事实。"

美英说:"目标可视化过程中,团队领导得要尽可能用大家能够理解的语言来描绘场景画面,要把目标可视化到做到看得见想得到，要了解哪些是大家关心的事，大家需要哪些美好的未来。比如，员工达成目标后想去休假，那么作为领导者就需要把休假的画面给打开，与员工畅谈，休假是一家人还是自己一人，想去国内还是国外，预算标准如何，喜欢什么样的景色，哪个季节去等，这个畅谈的过程中，就是在帮助这名员工加深对可视化目标的印象。如果个人愿望是想考注册会计师，就可以聊考试前的准备过程、考到后有晋升、加薪、拓展职业路径等各种可能性。如果是团队目标的可视化，则大家可能一起讨论庆祝的画面和每个人获得的奖励。《西游记》中，唐僧总是喜欢两眼放光地对大家说，取到真经后能普度众生。一路上，每次遇到妖怪、困难，唐僧都会用不同的方法告诉大家取到真经的好处。要做到目标可视化，领导平时就得多与团队成员交往接触。职位高了，团队大了，想了解每个人，不好做到，所以我们建议部门总监级以上的领导者，打开办公室的门，让员工可以随时进去找他。还有，我们强调走动管理，经理们有责任经常到公司、工厂的各个角落去走动。走动的目的，是发现素材，了解大家都关心什么，需要什么。"

邢教授说："嗯，美英把目标可视化说得非常详细，方便大家借鉴效仿。"

悦亮听到此处，看了看大家，说："来参加这次活动之前，邢老师让我准备有关激励的实例，我准备的是团队激励内容,我想加入美英姐的话题中,我们互相补充。先不讨论外企、民企、国企、高科技、互联网IT、传统行业的划分,无论是哪个类型的企业、哪个行业的企业,团队面对的都是人。"

邢教授夸赞悦亮思维很活跃,能变换讨论方式,激活大家的思想,让大家捉住瞬间的灵感,深入挖掘。我听后,也很受启发,凡事有规则才有秩序,做事时,效率和规则有时矛盾,有时一致,既遵守必要的准则,又要打破常规思路,是创新解决问题的思路。

目标可视化

三 带头影响团队

榜样永远是面鲜明的旗帜。今天的我,可能成为明天的我的榜样。以人为镜,互为榜样,所有的事,只有自己主动参与到其中,才能影响自己和他人……

先树标杆

悦亮高兴地接过话题，用诚恳的目光向邢教授表示感谢，他说："我工作快八年了，一直在互联网公司从事产品设计工作，互联网行业节奏快，竞争激烈，市场不确定因素多，在近三年互联网+的大背景下，工作压力更大，当然薪酬也比较高。互联网行业从业人员的年龄趋于年轻化，我在今天的聚会当中算年龄小的，但在我们的团队中，我属于大叔级人物。"

大家没接话，悦亮继续说："刚才美英姐讲，统一思想融入团队，目标明确并可视化，思想统一是起点，融合后的团队，对目标的认同度高，再往后是目标执行过程的激励环节。"

美英点头说："是的。这是在团队目标执行过程中的激励，此刻是团队来跑马拉松，跑不同路况，就如同要达成大大小小的阶段性目标，有的路段需要大家接力跑，有时则只能靠一人来跑，快到终点时，大家又必须再次合为整体冲过终点。这漫长的过程中，大家互相打气，相互激励鼓舞，是非常重要的。除了需要团队的领导扮演好头羊角色，还需要照顾好跑在后面的队员。他既要学做带头大哥，也要能做小弟，让团队每一名成员，成为大哥。"

头羊地位从何来

悦亮很兴奋地直接把话接过来说:"是的。团队领导者像头羊,羊群在草原上迁移寻找新的草场时,遇到河流,羊群被河水所阻,不敢涉水过河,就无法吃到对岸的青草,头羊在此时的作用是带头涉水过河,水是深是浅,头羊带头试了才知分晓。若头羊畏缩,意味整群羊都吃不到河对岸的青草,头羊的地位可能会被敢于尝试涉水过河的羊取代。如果水深无法过河,羊群会等着头羊回头上岸后,顺或逆着河流寻找能过河的浅滩涉水。此时此刻头羊的一举一动,群羊都能看到,能感知到,头羊是否愿意带头涉水,决定着它领导力的强弱。每逢遇到需要抉择时,头羊就必须做出选择,这就是头羊的职责,每一次选择的结果,都将给它带来加分或者减分的效果,影响头羊的权威性。

"在所有高等级群居哺乳动物中,都有类似的规律,如猩猩社会中地位最高的头领猩猩,当猩猩群遇到强大的敌人时,唯有头领猩猩往前冲才是合理的事情。非洲草原每年都上演百万羚羊、角马生死大迁徙,每次迁徙都考验头羊、头马们的领袖权威。狒狒、狮群、大象、人类都如此。"

邢教授听着,笑着说:"比喻得形象恰当,悦亮知识面很广,在群居哺乳动物中,权利和义务划分很讲究为群体贡献的价值大小,强者价值大,责任自然重,弱者价值小，责任轻。

"当然，强者和弱者享受和占有的资源也是对等的。人类社会的本质也是一样，只不过人类文明，很多事情不会那么露骨，没有与动物一样赤裸裸地按贡献大小来争抢食物权、交配权。

"大家别忌讳，这是生物自然进化，种群生存发展的需求，是优胜劣汰，物种基因自然选择进化的过程。动物和人都得遵守，人多了一层文明观念，能持续努力寻找文明方式处理资源的获取和分配。人的领导力是逐渐积累而来的，领导者魅力的形成与头羊的领导力形成是一个逻辑，二者的区别是人文明，羊本能。"

悦亮接过话题说："邢老师过奖，您说得更全面，我顺着思路往下说。团队中的领导者主动参与进来，我觉得是目标达成的关键。你不往前冲，就别指望别人会往前冲。大家需要带头大哥来示范。你动了，大家才会跟着发动起来，才会产生群体跟随效应。如同团队领导者在坚硬的墙壁上凿开了一条裂缝，然后大家一起出力，裂缝变成口子，大家再努力，口子变宽，大家再努力，最终墙壁倒塌，大家都通过。"

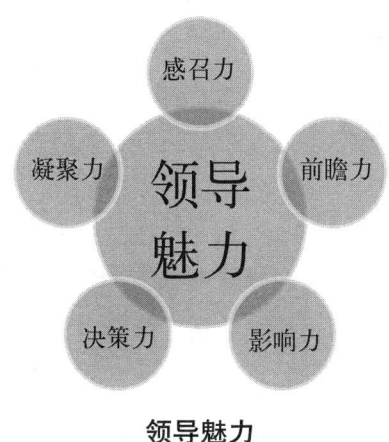

领导魅力

为什么不愿意行动

美英说:"悦亮说得很好,先是自己主动参与,然后感染大家,最终达成目标。"

悦亮说:"美英的鼓励真及时,刚才讲团队领导者自己要先行,自己主动参与。接下我谈谈如何让大家主动参与进来,形成互相激励鼓舞的团队氛围。在实际工作中,调动大家主动参与到项目中来直接关系到执行力的强弱。上周我参加了一个论坛,当今全球最具影响力的管理咨询大师之一,'当代德鲁克'拉姆·查兰作为嘉宾发表《制胜未来,你准备好了吗?》主题演讲,指出'管理实践,需要与时俱进;管理实践需要根据时代不断自我更新。'我想领导者首先要学会拥抱变化,自我更新,应对外界变化激活个人。拉姆·查兰在其《执行》一书中提到执行的三大基石之一是建立企业文化变革环境，改变员工的信念和行为。领导者要变，员工也要变，上下都要有一颗变化的心。团队的工作计划，往往是根据目标来制订的，当执行环境发生变化的时候，计划就得赶上变化，随时调整，不能僵化不变。不要抱怨计划赶不上变化，今天无论领导者还是基层员工都要拥抱变化。领导者此时责无旁贷，必须应对变化，激活自我。领导力讲到底是领导者本人的战斗力。我想大部分人是愿意去做事的，但往往欠缺动力去做，这种动力可能是欠缺主动参与精神，也可能是习惯性不愿意去做。思想上愿意，行为上不愿意，这种现象在我身上时有出现。"

美英说："嗯，是的，这是普遍现象。课程归课程，实际归实际。那么究竟怎么才能克服不愿意行动呢？"

悦亮笑着说："包括我自己在内，在推动某些事情时，思想上有意愿，但行为上依旧停滞。作为团队的领导者是这样，何况员工呢？"

美英说："不愿意行动有两个原因，一是人都习惯性待在自己的舒适区，二是个人对事情的推动能力不足。当个人没有能力走出自己的舒适区时，可以借助团队或他人的力量。当个人没能力去推动事情时，需要提升技能水平和工作效率，让自己'猛'起来。"

悦亮接过话题说："你这样说，是能够理解我。"

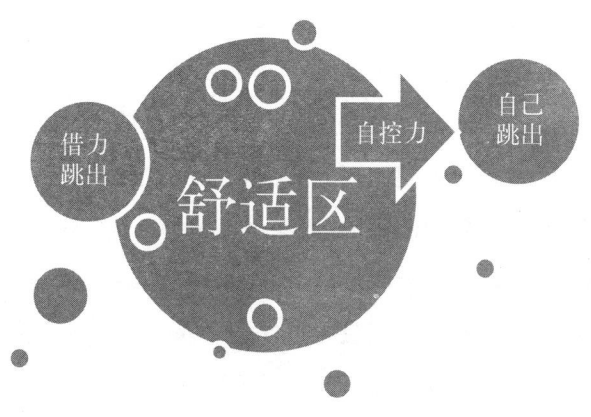

走出舒适区

领导力行动坎

美英回应道:"不是所有人能过这道坎,这道坎我们公司称为'领导力行动坎',别小看这道坎,它能把人的能力拉开一个层次。有思想有知识有意愿,只是第一步。能不能产生质的变化,就要看个人能不能把思想、知识、意愿转化为行动力、执行力,若能转化就表明你可以成长为专业人士或团队领导者。"

悦亮说:"嗯,这点与我在上周听论坛的感触一样。要把'今天你学了吗?',变成'今天你做了吗?'所以我更能深刻理解带头做的价值,想做头羊,就得从自己开始,主动参与,感染他人。想做领导者就必须过这道坎——领导力行动坎。这点在每个行业都重要,互联网行业产品研发除了项目负责人需要带头，还要调动大家主动参与。每次开产品思路会议，我都强调这条，和美英姐讲统一思想一样，反复讲，反复强调每个人的主观能动性是产品开发成败的关键因素。在我负责的团队中，主动参与是我要求大家必须做到的一点。产品研发小组成员没有主动参与意识，就不会有创新意识，他只会完成你布置的工作任务。从绩效角度衡量，他是合格的，要求他做的，他都做到了，甚至做得很好。可是在产品研发过程中，这远远不够，因为很多工作都是第一次的探索，没有可参照可借鉴的经验和标准，若团队成员缺乏主动参与意识，工作很难正常开展。从个人角度看，没有主动参与的精神，工作将很被动，自己做得累，时间过得慢，感觉很乏味，能力不能快速提升。"

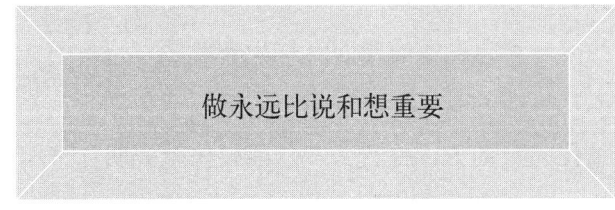

必须通过领导力行动坎

钢铁是怎么炼成的

邢教授看美英和悦亮讨论热烈，笑着说："说到这里,我也分享一个类似的话题——提高效能,效能可理解成推动事情发展的能力。"

邢教授说:"在微信朋友圈里,经常有人晒跑步记录,很多运动软件都能详细统计出路程、路线、心率、热量、排名。我发现,大部分男性业余跑步爱好者的速度都是每千米6~8分钟的速度,速度快的是每千米5分钟。全程马拉松是42.195千米,目前男子世界纪录是2小时2分57秒,平均速度为每千米2分55秒。世界级的马拉松男子运动员跑完全程的时间为2小时3分到2小时20分钟,每千米3分10秒左右。"

大家没接话,邢教授接着说:"把业余选手和顶级选手的数据进行比较,差距巨大,我们身边的长跑爱好者跑不到每千米3分10秒的速度,况且这是42.195千米的平均速度。顶级专业中长跑运动员经过长期训练才能接近这个标准。

"大家在跑步时,想提高速度或者加长距离时的体会是什么?我想多数是会感到累,疲劳,呼吸困难,要再跑快点,有肺都快爆炸的感觉。试想,我们将现在每千米6~8分钟的速度提到每千米5分钟、4分钟乃至3分10秒,要经历何种强度的训练,再加上距离从1千米提到3、5、10、15、20千米,直到42.195千米,又是怎样的体验呢?

"跑步能用速度、时间、距离来量化。工作效率却不好量化,因为环境、事情、人、难易度等变数太多。我抛出跑步的量化数据是想说明,对大多数人而言,工作效率都是每千米6~8分钟的速度，要想提升到每千米5分钟、4分钟，并且持续一周、一个月、一年、三年、五年、十年，是需要不断强化训练的。这当中，没有任何捷径可寻，唯一的道路就是学会坚持、克服困难、建立新的行为链，一点一点提速。先提到每千米6分钟，再是5分钟、4分钟、3分30秒，持续一周、一个月、一年、三年、五年……，工作成效肯定能出来。当然这是理论，实践中，只有小部分人能够坚持做到，也就是少部分人能成为精英。

"公司的效能也是如此，它体现一个组织的整体平均水平。世界500企业平均效能会高于同行业企业。企业在招人时，优先录取有500强企业工作经验的人员，很大因素是因为他们做事的效能，希望借助他们的工作习惯和思维来提升本企业员工的工作效能。

"持续突破，克服内外困难，建立新的行为模式，是提高效能的唯一路径，无它捷径。激情只是过程中的催化剂，关键是做到持续努力。跑步的例子，是每个人都经历过的，只有经过n次的身体酸痛、呼吸接近衰竭，速度和距离才可能提上去。工作中的效能，也是如此，需要克服自己原有的工作习性，重新建立新的习惯，简单说就是不停与自己的思维和习惯较劲，直至新习惯定型。"

邢教授一口气讲完长长一大段话。我心里想，提速最大的挑战仍是领导者的行动力。是钢就要经千锤百炼，任何事情都如此，提升效能，任重道远，是每一个人永无止境的成长之路。

效率提升模式

主动参与竞争

邢教授笑着说:"互联网产品需要有活力的人来研发,互联网大连接的概念,是通过互联网连接的便利性、时效性、集中性、高效性、可比价五个主要特点,把高科技和传统行业深度融合在一起,达到高效、低价、便利的目的。做互联网产品的开发,要深度了解消费者行为,掌握传统产品的特点、互联网的特点、行业特点等多方面信息,熟悉消费场景。掌握的信息量大,开发产品的成功率就高。短时间内,要获得大量信息,就要求参与产品开发的人员有高度的主动参与精神,唯有如此,才能在激烈竞争的互联网行业中生存下去。还有一点,由于互联网的信息集中性特点,每一款互联网产品在市场竞争中只有少数几家公司能存活,甚至只能是老大老二活下来,排在十名外的基本没希望。比如中文搜索平台,百度第一、360第二,老三有但份额极小,不到5%。团购网站刚出来时'百团大战',到目前只剩下美团、糯米团几家。共享单车,从'战国时代'到摩拜、OFO胜出,原因是消费者记不住那么多品牌,账户多、APP多,用起来也费劲,绑定那么多银行卡支付安全隐患也多。所以从业者主动参与的精神非常重要。"

外光点点头,表示认同,他一直很少发言,表情十分平静。他和我说得都不多,用心听,当忠实的听众收获也很多。

全体总动员

悦亮说:"是的,主动参与是我在项目启动前必须强调的一点,我会投入高度的激情去感染大家一起参与到新产品的开发中来。重要产品开发前,我会搞个部门动员仪式,拟一小段类似于诸葛亮的《出师表》读给大家听。二季度我们部门准备开发一款叫'孔夫子'的家庭辅导APP,是面向中小学生家长作业辅导的服务产品,帮助没有时间辅导小孩子的父母,在手机安装后,可以通过APP搜索需要的题型,并会链入解题方法和教科书中的例题。"

美英在旁边小声说:"嗯,你们这个产品思路很好,名字很贴。"

悦亮接着说:"谢谢。这个名字是通过'头脑风暴'选出来的。我要求团队中每人至少向十个家里有孩子上中小学的亲朋好友介绍这款APP的用途。共收集到120条左右的反馈,然后开会碰思路。等大家的意见统一后,我们才进行产品开发思路会议——项目可行性讨论。邀请产品市场、原形设计、开发、服务端、测试、上线、推广、优化等部门的负责人参加,向他们介绍目标客户需求点、产品特点、开发思路、市场推广思路,希望大家给出建议。在市场需求分析这部分,对技术端口的人来讲新内容占多数,需要大家参与集思广益,整个讨论从下午3点一直延续到晚上11点。上述工作,每一项都需要大家的主动参与精神,而我的激情最为重要。回报是,各项环节都达到预期效果。作为回馈,由我们部门请大家周末一起聚餐,餐前的感谢致辞中,常说一句——大家需要我们部门支持时,我们一定全力效劳!"

邢老师说:"悦亮说得很好,高效管理,离不开领导者的激情投入,你带头做到,所以影响力强,带动效果好。当团队成员都努力时,就会产生积极的集体从众行为。大家积极参与,不想参与进来的人就会产生一种被排斥的压力,为避免压力,保持与团队的一致性,他也会选择加入进来。好的团队能产生吸引力,在有人不愿意行动时,能吸引他主动加入。"

美英把话题接过来说道:"谢谢悦亮与我们分享。"

㊃ 化解合理化解释

一篇家教网文说"自己是一摊烂泥,却恨铁不成钢",此话,同样适合激励团队,团队的领导者决定了团队的执行力、凝聚力和活力。

大家讨论仍然很热闹,美英又提出了合理化解释是否能解决执行力的问题

……

团队活力

美英说:"一个充满活力的团队,有几个重要特征,一是执行力强,二是团队绩效水平高,三是大家干劲足。执行力是自制力的体现,它使人能坚持重复做有挑战和看似枯燥但必须完成的工作,坚持重复到一定程度就会产生绩效,有绩效就有干劲,就能激发团队活力。这是一串联动效应,环环相扣,目的只有一个,就是使团队有活力。激活团队有许多种方法,刚才大家是从激发角度讨论,现在我想分享一个我们常见的消耗团队成员活力的因素——合理化解释。合理化解释使团队成员将精力用在找理由上面,引起沟通不畅,本位主义,个人和团队迷失前进的方向。"

美英说到此处,停了一会儿,用眼神同我们几个交流

一圈后说:"大家可别小看'合理化解释'这五个字,它能让人升天,也能让人入地。"

执行力 ➡ 自制力 ➡ 坚持重复 ➡ 绩效 ➡ 干劲 ➡ 活力

激活团队的联动效应

方法总比问题多

美英接着说:"将团队活力、绩效、执行力与合理化解释关联到一起,是我今年花精力去想的问题。合理化解释可以理解成自我开导、创造性回避、固执、偏激,要证明自己是对的或是错的。一层一层分析下去,我会从内外两个角度解说。说句提气的话——方法总比问题多。"

大家纷纷点头。

美英接着说:"方法总比问题多,是教我们换一种积极主动的思路去看事情和解决问题。这种思维有这样一层意思——你想得到什么样的结果,就会产生什么样的想法和行为。好比,我想做一件事情,总会找到去做的理由和事实依据;反过来,我不想去做一件事情,同样能找到不做的理由和事实依据。想做时,我能找出一万条做的理由,不想做时也能找出一万条不做的理由。需要强调一点,世界上总是先有问题后有方法,问题肯定在方法前面。出现问题时,根本不需要担心害怕,问题后面肯定跟着方法,只要你肯定动脑,一定能找到解决问题的方法。"

我们依旧点头认同。

美英说:"同理,我想做时,找的理由就是合情合理的。聪明的人说服别人时很聪明,说服自己更聪明。"

大家都笑了。

初级版合理化解释化解——四步法

"对没执行力、没绩效、不想干等,我们总能找到合理化的理由来解释和变通,我们的本能会自我调节。不能说自我调节是坏事,人需要自我调节,否则人会崩溃。从自我调节的角度,合理化解释有利于身心缓解压力,符合生理需求。鲁迅笔下的'阿Q精神'也是这个意思。但当没干劲,提不起精神,执行力不足时,应该避免通过合理化解释为自己开脱。方法总比问题多,是换一个角度来看问题,花同样的时间去想去找回避的理由,为什么不去想解决方法呢?我们总可以找到有效的解决问题的方法,而不是用自我蒙蔽的方式来视而不见。合理化解释是主观意愿倾向的表现。在目标达成的过程中,经常会遇到合理化解释给我们带来的阻力。为避免合理化解释的负面效应,有的团队负责人喜欢拿结果说话,用绩效来证明。这给大家的印象是'不讲理,管理水平有限,只会问这个月怎么还没完成绩效目标、完成任务……'"

悦亮说:"美英姐,我觉得没干劲、积极性低、绩效水平低、动力不足的问题,不只是在思想层面,主要还在于能力层面。我非常认同你开始说的领导力行动坎是界定人与人之间能力差距的重要标志之一。"

美英接着说:"悦亮你说得对。确实得承认,人的能力有差距,组织要解决员工从小就有懒散习惯的问题,并非是一两天的事情,而是一个漫长的个人和团队更新的过程。下面的话题,可能会给出建设性思路。我接着说合理化解释的问题,领导者能力强,大家会服从;领导力不强,说蛮话,员工不搭理。领导者经常说'拿结果、拿业绩说'的霸王话,显得没有管理水平。要提高对合理化解释的警惕,我们公司常用的做法是,一看目标,二看亮点,三听意见,四出方案。

"一先看目标,是重申目标认同的重要性,再确认目标是否出了偏差。二看亮点,是先认同员工的成绩,取得员工的信任和明确他对公司的重要性,让员工感觉不是在找他的麻烦,而是在解决问题。三听意见,是听员工的心声,耐心听他说出原因,哪些是主观原因,哪些是客观原因。若是主观的问题则要打气、纠正思想误区;若是客观的问题,则要表示理解,尽快给予支持和资源。四出方案,是帮员工找到真正的原因,站在目标达成的角度,给予解决问题所需要的人财物力方面的资源。"

> 看目标 > 看亮点 > 听意见 > 出方案

初级合理化解释化解步骤

我说了一声:"这是好方法,确实需要分清情况。"

美英说:"这种合理化解释不怎么可怕,真正可怕的是'我要证明我的合理化解释是对的'。化解合理化解释,第一步是确定合理化解释是出于主观意识,还是客观事实,如果在这个认知上能达成一致,用四步法就能解决分歧。如果是坚持找客观理由来进行合理化解释,则非常难解决,在座的各位,应该或多或少都遇到过也做过。"

悦亮说:"确实是这样,比如说'我们在产品开发过程中有很多工作国内外都没有可借鉴的经验,进度经常预估不准。'这里的'国内外都没有经验可借鉴'是客观原因,但也许主观原因是'没有努力去处理发生的问题',这个该如何厘清?"

升级版合理化解释化解——思考方向

美英说:"问得好!'国内外都没有经验可借鉴'属于客观因素,'我没有努力去处理发现的问题'则属于主观因素,可以从工作的行为表现核实员工到底有没有努力。行为和时间不会骗人,我们完全可以找出相同的时间内你我他的行为有什么不同,特别是与成功者、优秀者相比,在相同的时间内的行为方式有什么差异。"

悦亮说了声:"嗯。"

美英又说:"合理化解释的魔力是在于,我们都有一个思维习惯,就是要证明自己是对的,没人会主动证明自己是错的。大家认不认同?"

"认同。"我声音略大一点说。

美英说:"在辩论时,我们提倡用尽所有逻辑方法证明自己的观点是对的。但在工作和生活中,这不但是在给执行过程找理由找说词,而且对与人沟通交往危害性非常大。

"举个例子大家肯定能立即理解。张三是个刺头,虽然他在我们团队中业务能力强,但协作能力差。当我有了这种印象结论,在与他工作的过程中,我就会有意识收集符合与我认知相一致的信息(张三是个刺头),而不去观察张三好的一面。比如我会忽略张三出方案很准时,没有坏心,他也乐意帮助别人;同时我会收集他工作时看新闻,让他帮忙做事他说没空,他对同事爱理不理、到别的部门去侃大山等事实行为。这么做是因为我要让我眼前的事实符合我的判断——张三是个刺头,并以此来证明我看人很准。而实际却是我有选择地收集信息,戴着有色眼镜看人,没有主动帮助张三改变是刺头的印象。

"这还不算最糟糕的,再举一个例子。我认为李四是个精于算计,不能吃半点亏,不好相处的人。并且,我亲眼见过一些事实，比如没按时交材料，他会说是因为通知晚了，他很忙有很多事要做；要求李四周末加两天班，过后他说加班累得去医院看病，要算工伤；别人不小心碰掉他的手机，摔裂一角屏幕，他要人家赔一个新手机。总之，李四给我的印象非常不好，虽然他和我没有直接矛盾。有一次，在食堂就餐时，他忘记把桌上的手机带走，我正巧看见，也没有提醒他的意思，反而心里面在说'嘿嘿，要真忘记就好了。'所谓事实都在证明我的判断是对的，李四确实不好相处。于是我用坏人有恶报的方式回应他——希望他手机遗失。但这只是一个侧面，工作中李四肯定有优点，不然没人搭理他，他在公司会待不下去。

"工作和生活中，有许许多多类似的例子，'他是个小心眼的人''他是个没有责任心的人''他经常做错事还不主动承认''关键时刻，你别指望他''他很势利''他目光短浅'等。当这些评价在我们脑中出现时，我就成为'他'的造型师，会在工作和生活中寻找事实证据，证明我的判断是正确的，甚至我会断章取义，有意歪曲事实。"

美英没有夸张，合理化解释行为，在每个人身上都会发生，因而我们要时刻提醒自己把人往好的方向想，才能换回好的回应。当然，这也需要有一定的准则，这个度不好把握。

判定的标准

邢教授说:"是的。美英剖析得非常精细,合理化解释的魔力释放后非常可怕。生活和工作中,每天都会发生各种形式的合理化解释,以至于我们听不到对方真实的表述,听不见别人真诚的建议。我不好评价哪个对,哪个不对,因为一方面我们要点阿Q精神来缓解心理压力,一方面我们需要解决问题,提高办事效率。合理化解释可以正用,也可以反用,正用对大家都好,反用对大家都不好。但一味正用,可能会被人利用你的好心,一味反用,虽然可以保护好自己的利益,但长此以往,会败坏社会风气和团队风气。如何使用合理化解释,关键要看我们的使命,在确认使命时,一定要符合当下背景的普世价值观。在团队管理过程中,合理化解释裁定的标准是团队目标;在企业中,裁定的标准是企业的使命;在社会中,裁定的标准是法律、道德及普世价值观。"

我接过话题说:"邢老师把我刚才的疑惑给解答了,合理化解释正用时,设想所有的人都是好人,容易被动机不纯的人利用。李宗吾先生的畅销书《厚黑学》,把社会上的黑色权谋术、手段把戏告知天下,让大家了解厚黑,弃恶习扬善行,但个别人仍会歪用,学习里面的权谋术,曲解李宗吾先生的本意。"

邢教授说:"小胜补充得很好,我们预防合理化解释的思路是——工作中一切以团队目标为判断标准，生活中以普世价值观为判断准则。有活力的团队都有明确的目标，大家劲往一处使，积极性、动力、绩效和执行力自然能够提高。"

美英说："嗯，另一种情况是，当我为合理化解释求证时，会主动说服更多的人支持我的观点是正确的，支持人越多意味着我提出的合理化解释越客观真实，符合多数人的观点，于是我心里就更踏实。但有时我们自己都分不清是对是错，像辩论一样，只为争取更多的人支持自己。"

美英她站起来说："大家等会儿，我去吧台找张白纸。"

她拿来一张纸，在上面画了一个四方格子图，然后边画边说。

阳谋PK阴谋，执着PK固执

"区分合理化解释的好坏标准是用普世价值观，刚才邢教授已经说了。我补充一点，在合理化解释好坏标准上，要再加一个意识维度。

"如果明知合理化解释违背普世价值观，目的只是为自己好，还去寻求他人支持，这就是阴谋。如果知道合理化解释确实发扬普世价值观，目的是为大家好，去寻求他人支持，这是阳谋。如果不能辨别合理化解释有没有发扬普世价值观，只是为了证明自己的价值观点而去做事，去寻求他人支持，结果事情的受益者是大家，这是执着，而如果结果还只是个人收益，则是顽固，冥顽不化。"

"我想主要说说合理化解释中在证明自己的观点时，执着和顽固的行为。先不讨论背后的动机和利益问题，我只想说，我们每个人都会犯一类错误，就是为了证明自己的观点是对的，而做了一些有意或无意损害他人、团队、社会的事情，或者是不愿意去做对他人、团队、社会有利的事情。

"用在激励上，则是我们会为了证明自己提的合理化解释是对的，而做一些不利于团队凝聚力、保持激情的事。放大到我们的日常生活中，我想说明，我们喜欢去做一些无谓的争论，因为有时争论的目的，只是想争赢，而忽略了对人对事情的伤害。

"我想提醒，我们要随时保持清醒，别只为了证明自己是对的，而损害他人、团队、社会的利益。当然争论、证明自己是对的，是人的天性之一，没有这种思想，人就无法发展进步。我们要用辩证的角度来思考合理化解释，包括所有的事情。"

大家看图后，不停夸美英讲得细。

悦亮带头轻轻鼓掌。

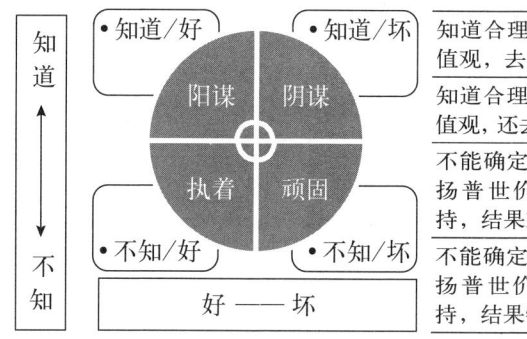

合理化解释模型

五 关注与认可

自媒体时代,人人都是小主编,得到大家的关注和认可是微博、微信火起来的核心原因。有团队,有组织就有关注和认可。人的群居属性,决定了我们的行为特点。

发现身边的雷锋

美英笑着说:"谢谢大家,再接再厉。合理化解释现象是个人、团队没干劲、没动力、没绩效、执行力不强时经常出现的自我欺骗的盲区,希望通过此次分享,能引起大家的注意。合理化解释在人际关系、团队协作中经常出现。在目标的执行过程中,注意合理化解释概念能让我们对归因、求证的思想行为反思,让我们时刻警醒,把精力放在解决问题上面,而不是放在解释和逃避问题上。影响团队靠的是领导者带头行动,用行为去感染他人。如何能够感染他人呢?四个字——关注认可。如何做到这四个字呢?关注的意思是'关心重视;用眼睛去看某人、某事;用心去听懂对方的心声;用实际行动,用心去对待人与事'。前面我们说了领导力行动坎,如果想成为领导者,就得用眼和行动去观察每一个人的优点,走到同事、员工、领导者身旁去,尽可能与他人近一些,走近后,你会看见每个人的敬业和可爱之处。我们公司要求无论是领导、同事,都要经常去串串门,串门不是为了闲聊,而是为了'看见可爱的他/她',如果发现好人好事,可以用心用笔记下来,把时间地点事件人物输入公司内部ERP中,月终年尾时我们会统计公布好人好事榜。我们要主动发现身边的雷锋。"

悦亮说:"嗯,这点我很认同,华为管理文化中有一条'决不让雷锋吃亏'的理念,其深层的含义就是奖励要覆盖到每一个人,用行为促进组织进步,充分体现激励制度的公平。"

美英说:"悦亮补充得很到位,无私奉献是美德,宣传好人好事是公德。好人好事有两类,一类有关工作绩效,包括促进目标达成,提升生产效率;另一类有关品德品行,包括某人某月某日帮助了谁,以单位内部发生的事为主,外部发生的好人好事为辅。奖励好人好事能提升团队融合,能激励好人好事的重复频率。好人好事要正强化,大家才愿意去做。发现者和好人好事当事人,都要上榜。我们采用积分制,排名前十者,在岁末年尾时会获得奖励,当月也会有小奖。"

雷锋是发现出来的

当"鸡汤"失效时

邢教授说:"从心理学角度解释,薪酬、福利、稳定是满足人的生理、安全需求。关注满足的是人的社交需求和尊重需求。所以,要关注团队中的每一个人,包括领导和老板,还要关注每一项促进团队融合、互相鼓舞的事。上次讲课,我们提到了'社会助长'效应,领导和名人都需要有人关注,同样,我们每个人也希望得到大人物的关注。关注能让人感到受人尊重,体验到存在的价值。关注领导不等于拍马屁,而是一种对领导贡献的认可,是尊重的行为。团队是一个小群体,其中的每一个成员都渴望他人的关注,大家相互关注自然会提升团队的凝聚力。理论逻辑很简单，在实际工作和生活中，需要我们勇敢跨过领导力行动坎，这是道龙门，成败在此一举。人与人之间的能力差距是在自我驱动力，能否突破自己的行为惯性是产生差距的关键。如果自己突破不了，就得寻找一个有激情的团队，让团队推动强化自己养成好习惯。关注积极向上的事和人，逐渐把自己发动起来，让自己跑起来。"

悦亮说："邢教授，您说得很清晰。我们团队有两个刚毕业的学生，励志鸡汤对他们作用不大，他们读过的励志书和文章很多，鸡汤喝多了就没了感觉，而且，很多事靠喝鸡汤解决不了。"

邢教授说："悦亮说的是事实，还得回到美英说的领导力行动坎，能力的成长要用事情来锻炼锤打，唯有千锤百炼方能成器。我建议年轻人在找工作时，寻找能激发自己活力的平台。平台有活力，学习汲取的养分丰富，能形成良好的职业习惯，未来成长空间大。好的平台，将知识转化为行为的效率高，有助于早日跨越龙门。"

"知音"模式激励

美英说："嗯，团队的重要性还在于能促进大家互相激励。大部分人的意志力有限，只有靠相互影响，相互感染才能把自己锤炼成熟。好的团队领导者能带好头，做好榜样，能进行到底，能让人感到工作充实、有价值，能让人获得他人的认可。认可指'承认、许可',认可在团队中与关注一样,有我对你的认可,也有你对我的认可。关注和认可是相互感染的。在我们公司,团队领导者必须了解员工的三部分信息,第一是个人基本信息,从简历面试中可以获得;第二是员工的人生观、价值观和世界观;第三是员工的职业兴趣点。把三部分信息再细化,团队领导者对员工的关注面就广了,工作方面以职业发展、成长、收入信息为主;生活方面包括家庭、朋友、兴趣方面的信息。同时,团队领导者也需要坦然地把自己这三部分信息对等透露给员工。领导者要找到合适的交流对象,走出办公室或请员工到办公室来坐坐,形式不限,只要脑子里随时装着关注两个字,肯定能获得团队成员的认可。走动管理在惠普公司实践很成功,在我们公司也非常成功。认可他人是一种自信,对方感觉到你对他的认可,会很高兴,反过来,你也会得到他们的认可。相互关注和认可,可以形成互相激励的氛围,我称之为'知音'模式激励。"

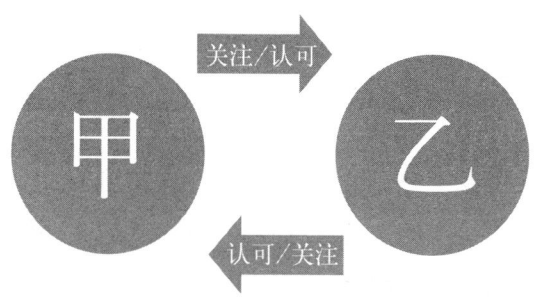

"知音"模式激励

悦亮兴奋地竖起大拇指说:"美英姐,你们可真行,还搞出'知音'模式激励,我们现在算'知音'模式激励吗?"

美英愉快地说:"当然算,你看,首先是你关注我,用心听我讲,当感到有收获时,你就认同我,说我很厉害,我很受鼓励,心里十分高兴。你的夸赞,引起我的关注,我很感谢你对我的表扬,你得到了友好的回应——认可,心里也很愉快。英雄相见恨晚,使我们有找到知音的体会。"

悦亮连点头,表示认可。

美英说:"认可就等同于你承认了我的价值,让我的自信心增强。这点在外企比较明显,西方文化喜欢用鼓励、赞同和表扬来表示认同。在沟通中多用'这是对的''认同''认可''很好''好,可以''非常好'等肯定的词,将赞赏的信息反馈给对方,对方感知到你的认同,心情愉快,工作效率就能提高。认可的行为包括赞扬、支持、赞同、奖励、信任、授权。中国文化推崇谨言慎行,凡事讲究低调,可能容易使我们吝啬于表达赞同和表扬,现在大家都注意到了这一点,而且都已经在提醒自己在交流中多用赞赏的语言。"

友谊的催化剂

邢教授用半开玩笑的语气说:"美英一针见血,说中要害。"而后平和地说:"美英刚才说的团队领导者和成员之间相互了解是关注和认同的基础，如果要了解私事，则双方都得说，对等能增强信任感。人际交往中的'自我暴露'有助于提升彼此的信任感，适当的暴露些个人隐私也不是坏事。比如，我就喜欢喝点二锅头，但不贪杯，每天一两。"

TIPS

自我暴露是社会心理学，尤其是人际交往研究领域颇受人关注的问题之一。自我暴露的意思是向别人说心里话，坦率地表白自己，陈述自己，推销自己。即一个人自发地、有意识地向另一个人暴露自己真实且重要的信息，笼统地说就是"个体把有关自己个人的信息告诉给他人"，与他人共享自己的感受和信念。许多心理学家认为，要使真实的自我至少让一个重要的他人知道和了解，具有这种能力的人在心理上是健康的，这是自我实现的个性所必需的，更是建立亲密关系的前提条件。太少的自我暴露和太多的自我暴露也会引起人际环境适应方面的一系列问题。一个从不自我暴露的人不可能与其他人建立密切的和有意义的人际关系。同样，习惯于喋喋不休地向他人谈论自己的私密，也会被他人看作是适应不良的自我中心主义者。社会心理学家认为，理想的模式是对少数亲密的朋友做较多的自我暴露，而对其他人做中等程度的暴露。

大家都哈哈一笑，气氛很轻松。

美英接着说："关注认可时，要真诚，特别是赞扬时，要说出自己真实的感受。赞美不是拍马屁，赞美是依据事实恰当表达。'悦亮你一直在专心地听,这是非常好的倾听习惯,估计你们的团队成员都很喜欢与你沟通。'悦亮,你听后感觉如何呢?"

"听了当然很开心,没有拍马屁的迹象。"悦亮认真地回答。

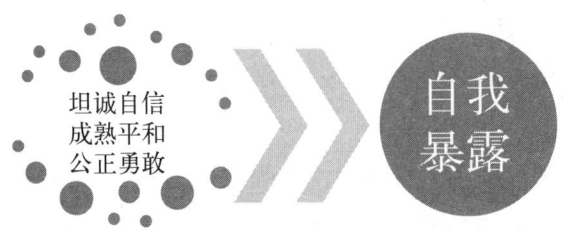

自我暴露提升人际关系

及时反馈是激励

美英笑着说:"谢谢悦亮的快速响应。反馈及时是强化行为的有效方式。越及时,激励的效果越好。特别是在沟通时要及时反馈。

美英接着说:"工作中,发现有价值的提议、成果,除了要及时表扬,还要学会奖励和承诺。奖励一般都要等到月底或年底,但承诺可以立刻做。承诺时千万别夸大,兑现不了,就会有损领导者的威信力。凡事有个度,度把握得好,处事游刃有余,把握得不好则会弄巧成拙。领导力的艺术妙处就在于此。在我们公司,个人或小组在工作中攻克技术或市场难题时，当天就可申请团队聚餐，在月底或年底时会兑现相应的奖励。我们鼓励领导者私人承诺奖励员工，因为私人奖励的激励效果往往会更大，还有助于加深私人关系。"

㊅ 团队成就梦想

自我实现真的很难吗？你想成为理想中的你吗？换个思维，先从小处想，每一天都是一个自我实现的机会——早晨起床，按照一天的计划去执行，晚上睡觉前达到了自己的预期，就是自我实现。请牢记，每天都有一个理想中的我在感召现实中的我，只要坚持高频重复，梦想就可能成真……

知易行难

美英说完，大家再次轻轻鼓掌。还好，下午咖啡店里人不多，座位之间保持了一定的空间，所以我们不会干扰别人。

美英聊得很投入，思维越聊越活，她说："在团队执行过程中，关键点是将想法思路变为现实，知易行难，自古以来都是如此！"

悦亮说:"嗯,我们团队成员年轻化,喝鸡汤不能太频繁,不然他们私下说'鸡汤喝时很爽,两小时过后就变白日梦。'美英姐讲的关注认可的知音方法的实用性和实操性都很高。还有跨越领导力行动坎的方法吗?很多人都有很好的想法,但在做的过程中总是力不从心,如何让自己的言行一致呢?"

团队助力改变和成长

美英说:"悦亮问得好,每个人都有改变的意愿,也有改变的方法和知识,但改变起来总很困难,往往绕了一圈又回到原样,随着年龄增长,最终丧失主动改变的信心。遇到这种情况时,我们就需要借助团队的力量。我个人认为团队最大的价值是团队成员可以相互影响,相互感染,一起喊号子,彼此鼓励。邢教授上次讲课提过'人有生理属性和社会属性',说明人离不开人,要成功跨越领导力行动坎,跳龙门成功需要他人帮助。从跨越过行动坎的人的经验分析,需要一个中心点——自我实现,一个落地点——群体。为什么把'自我实现'说成是中心点呢?这与马斯洛的'自我实现'定义的概念相似,属高级需求。在这里,我所指的'自我实现'是指实现理想中的自己,这类似于邢教授上回提到的美国心理学家卡尔·兰塞姆·罗杰斯的观点,罗杰斯用现实自我和理想自我来表述自我的存在，一个现实自我是客观存在的真实我，理想自我是大脑中我所期待的我，或者他人所期待的我，理想我是每个人愿意成为的自己，它是美丽美好的自我。"

大家有的点头，有的嗯一声。

美英又说："通常理想中的我与现实中的我有差距，为了缩小差距我们才去学习知识和方法，让现实中的自己变成理想中的自己。在转变的过程中，我们经常高估现实自己的能力，低估实现理想的难度。经过几次努力，达不到预期效果，就放弃了，被现实同化。"

悦亮说："嗯，是这个逻辑。但感觉说服力度不够。"

美英笑了笑说："别急，通常受过中等以上教育的人，均能通过阅读操作手册学会某些简单操作。比如我能按照说明书修理打印机，照着书写些简单的程序代码。"

悦亮说："是，这不是很难的事，耐心点，按照步骤做就行。"

自我实现靠群体

坦然接受缓慢变化的事实

"悦亮反应非常快，说得很对。这些纯技术性的技能对年轻人来说好掌握，但如果让我们的爸妈学习就有难度，原因之一是因为年龄大，他们不愿意再去学习新的技能。这说明两个问题，一是学习一项技能有基本门槛，过了基本门槛的人学习就相对容易；二是，凡事可以通过学习达成目标。还有，技能的习得掌握需要漫长的时间，现实中，有基础的人，掌握技能快些，基础不好的人，可能很困难。

"刚才提到'每个人理想中的我与现实中的我都有差距'，正常情况下，多数人理想中的我，能力要比现实中的我强。做一件事情时，如果对自己的能力估计准确，即理想的我与现实的我能力相当时，则目标计划达成的概率高；如果对自己的能力估计过高，则事情达成有难度，若经过多次努力仍不行，就会丧失信心，但若努力多次能达成，则能力和信心会双增长。常把'理想中的我预估得比现实中的我要强'，这不是坏事，理想中的我是一种潜能，适当高估自己，相信自己能达成某个目标，理想中的我就能促进我们不断创新发展。许多成功学都强调的人类与生俱有的潜能就是'理想的我'，它是一种自我期望，是战胜一切困难的'魔法师'。

"理想的我是促进现实的我不断进步的重要动力。现在，我们当中有人想要实现去火星定居生活的梦想，也许很多年后他们的后代就真能走向宇宙，以后就真有宇宙人回到地球看望人类。"

理想的我VS现实的我

悦亮听到此时,若有所思地说:"嗯,多年后宇宙人看望地球人值得深思。理想的我促进人类的进化和文明。理想的我能力要高于现实的我,理想的我促进现实的我能力不断提升。一万年太久,只争朝夕,每天召唤现实我成为理想我,地球人变宇宙人。"

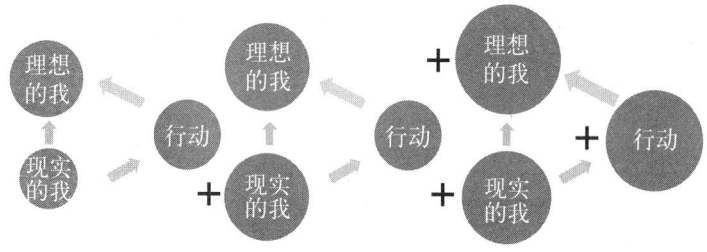

自我实现循环图

美英拿起笔和纸,边画边说:"是的,大圈表示理想的我,小圈表示现实的我,要成为大圈中理想的我,需要有足够的能力。于是小圈中的现实的我就有了努力的方向,为了缩小能力差距,现实的我通过行动,包括学习实践及各种提升能力的方法达成目标,使现实中的我逐步成为理想中的我。当成功后,理想的我信心增强,理想的我那个圈又变大了,现实的我通过行动和实践,能力也增强了,于是小圈也变大了,经过良性循环,两者都变大了,于是产生新一次的循环。反过来,则形成负面循环,理想的我和现实的我都缩小，人的行动力也变弱。"

悦亮明白过来笑着说："嗯，美英姐，你是说，每个人心目中的理想的我，无论是形象、能力均大于现实的我，它会吸引现实的我向理想的我发展，主要通过行动来完成，如学习、模仿、实践、他人帮助等。通过行动，现实的我成为理想的我，能力和信心增强，理想的我和现实的我两者同时变大，接着进入下一个良性循环。你的意思是，理想的我和现实的我都得通过行动来成长，来实现，对吗？理想的我是人与生俱有的潜能，是激励每一个人勇往直前，不断发展的力量。"

"是的。每个人心目中都有一头充满力量的雄狮，理想的我始终要好于现实的我，促使我们不断完善，最终自我实现。比如，理想的我是成为一名500强人力资源总监，现实的我只是一位人力资源专员，几年后成长为人力资源经理，通过持续努力（行动、报考人力专业研究生，工作中把招聘、培训、绩效、薪酬、员工关怀主要模块做得非常好，在专业杂志发表文章），若干年后，我终于成为500强公司人力资源总监，现实的我成为理想中的我。一个自我实现循环完成后，我信心倍增，理想的我又设定一个新目标，想成为国际范围内的人力资源管理专家，于是我进入下一个自我实现的循环。假如，通过几年的努力，我发现自己很难成为500强人力资源总监，于是我降低理想中的我，于是现实中我的行动力减弱，又回到原有的生活和工作循环当中。"美英说。

悦亮高兴地说:"嗯,美英姐,接下来,你是不是想说,自我实现能影响我们的意愿,让我们的行动力上升或下降。"

高频重复就是效果

美英说:"你进入状态了。我还没完全回答你开始的问题'鸡汤喝时很爽,两小时过后就变白日梦。'知识和方法好掌握,知识要变为技能,需要有行动,有机会锤炼。人把知识和方法转化成技能是有难度的,为什么开始说领导力行动坎很难跨越呢?人与人的差距,除了受教育的差距,另一点是行动力的差距,也就是说知识和方法是第一步,第二步是行动力,行动力是拉开人与人差距的一个重要环节。我们不能将行动力差,用合理化解释来开脱。正确的做法是把精力用在提高行动力上,用理想的我去吸引现实的我,立刻采取行动,逐步成为理想的我。累了、压力大时,可以停下来休息,不喝鸡汤就去做别的调节活动,比如运动、娱乐、下棋、唱歌跳舞、聊天……"

邢教授接过话,说道:"美英说得非常详细,一层一层分析特别清楚。从神经生理学角度看,人的行为养成需要一段时间。知识和方法可以通过记忆获得,比如背课文,反复读100遍一定能熟背出来,这就是反复强化产生记忆。行为的建立需要练习和长时间高频强化，而且有很多机会需要在特定的环境中获得，机会的不确定性，不能重复练习，技能的形成就慢很多。在等待下一个练习机会时，多数人又回到原有的行为习惯中。

"举个例子，学游泳，方法是第一步，到水里游是关键的第二步，下水后脑子里想教练教的动作和换气方法。而后游三五次，就能学会吗？不能，只有手脚不停重复划水动作，运动神经建立好游泳神经连接反射通道后，才算真正学会。行为建立了，一般很难忘记，行为神经反射连接比知识记忆反射连接更持久。所以有人说，好平台比个人能力重要，这是有依据的，好平台提供锻炼成长的机会多，若没机会练手，就不能建立行为反射链。知识和方法在互联网时代很容易获得，但应用场景需要平台或者说需要团队提供练手机会。

"今天的讨论效果很好，是因为我们有一个团队在这里互相启发讨论，如果靠我一人总结，效果肯定不如现在。知识经验总结得再好，仍旧只是行动点的起点和开端，是万里长征第一步。"

悦亮接过邢教授的话，说道："嗯，行动力是把知识转化为技能的手段，熟练掌握一项技能只有一个方法，就是高频率地重复重复再重复，训练训练再训练。"

理想需要团队承载

美英说:"邢教授说,知识方法易得,机会难寻,这就是一个中心点后面的一个落地点——群体,此处的群体包括团队、组织,自我实现可以比作理想的种子,群体比作土地,有种子没土地,不能发芽出叶开花结果。现在种子很多——理想的我,但土地——群体,成了奇货,我们到哪儿找呢?其实有人的地方就有群体。土地就在脚下,机会就在身边。"

"嗯,第一步学知识学方法,第二步行动力坎,行动力是拉开人与人能力差距的重要一环,能跨过就能成为领导者、专业人士,是不是有点太乐观。既然每个人脑子中都有理想的种子,土地就在脚下,群体随处可见,机会就在身边,怎么还有这么多人无法实现目标呢?"悦亮略带点不认同的口气说道。

美英说:"人是群居动物,人离不开人,理想的种子需要到人群去播种,群体中的团队提供了社会资源平台,有平台就有机会练习成长,人就能发展,建立良好的行为习惯,高频率重复,现实的我成为理想的我。群体提供发展的平台和机会,群体就是我现在所讲的团队或组织,要找到有利于理想实现的群体。团队激励的重点是尽可能吸引有同样使命愿景的人加入进来,给予大家不断成长和发展的机会,团队一定要有包容的胸怀,即使团队成员随时离开,都要做到包容。让所有团队成员感觉到,加入进来能助力他实现自我。当团队提供不了他想要的成长发展的机会时,他就选择离开,去寻找下一个适合他发展的团队。"

悦亮表情略微放松了些,但能感觉到,还没能调动他的兴奋点。我们三个都没怎么插话。

人心齐干活快乐

美英仍保持着微笑,喝了口咖啡,接着说:"团队给了平台和机会,我的行动力才有用武之地,经过反复多次锻炼,逐步掌握不同的技能,现实我成为理想我了,新的理想我又形成了,现实我再次向理想我看齐。当团队、组织给予的机会不能再让现实我变成理想我时,我就离开团队。这解释了员工离职的主要原因。比如大学生刚毕业工资低点能接受,一两年后职业能力得到提升,若加薪不理想,就可能选择跳槽,过去的现实我已经成为理想我,现在的理想我想要高职高薪。再比如,我进某家公司做市场工作,做了一两年,能力提升不大,也不太喜欢,于是选择离职另找工作,现实的我发现在这家企业里很难成为理想的我。"

悦亮表情轻松了许多,微笑地说道:"嗯,找到有共同理想目标的团队,能助力成为理想我。"

美英说:"团队激励的方法有很多,要做好团队激励,核心点是了解理想我与现实我。凝聚力强绩效高的团队,多数是由一群有着相同目标的人组成的,他们拥有共同的理想我,他们相信现实的我能在这个团队中实现理想的我。这个团队是由理想的我组成,他们共同激励现实的我成长为理想的我。梦之队是理想的化身,加入后能激发团队成员为实现梦想而努力奋斗。"

悦亮笑着说:"互联网公司团队活跃,正是因为美英姐刚才讲的,团队能提供成员发展成长的机会。大家因为有共同的愿景而走到一起,目标统一,团队成员都能按照任务进度主动跟进。目标一致的团队,主动参与性强,人员管理很轻松,管理效率高成本低,管理的重心在市场和产品研发上。团队目标往前推动一步,意味着团队成员的能力和行动力也往前推动一步,现实我向理想我也走近一步,大家干劲十足,而且心情愉快。"

事先预演提高效能

美英笑得很开心,接着说:"得到悦亮的认可,心里很高兴。我再分享个做事技巧,团队和个人都可以用。我每次做事前,都会提前在脑子中预想一下,包括把需要准备的东西,关键注意事项,过程中可能的情境,需要接触的人,都预想一次。遇到重要的事项,则会用笔纸写好时间、地点、人物、事件、原因、结果等内容。这样脑子里有大致印象，到事情实际发生时，脑子反应速度就快一拍，能灵活应对各种情况。事情结束后，在思想还活跃时，也要总结关键因素。概括起来就是——事先预热，事中反应快，事后再总结。但我还没能给这个做事的窍门取一个便于记忆的名字。"

悦亮高兴地说："我想想，如果我没记错，开始说了个'目标可视化'，这个有点类似，但也不全是，叫'虚拟情境演练'如何呢？"

我顺着思路也随口说："叫'预热情境'如何？"

邢教授和陈外光没说话，保持微笑看着我们三人。

美英笑着说："要PK，我做个和事佬，两边都不得罪就叫'预演'，简单好记。"

大家一起笑起来，声音不太大，公共场所，得注意影响。左边靠窗坐的三个人，看我们讨论得很热闹，不时朝我们看看，从表情判断，是对我们的话题很感兴趣。

美英说："事前'预演'已经成为我的习惯性思维，在激励团队时，我也采用事前造势的方法，像打仗前宣誓大会一样。我们有开目标启动会的惯例，大目标大会，小目标小会，按照进度逐步预热加温，到最后攻坚时，就动员大家发起总攻。对特别重要的目标，我们会加开一个决战动员会，避免在关键时刻掉链子。其实，这种做法符合人脑的思维节奏。举个例子，2008年奥运会的宣传攻势，就是越临近越猛，开幕式是最高潮，闭幕式是次高潮，然后慢慢退潮。我想所有的活动都类似，团队在目标达成的过程中，也需要逐步升温来激励大家，劲往一处使，力往一处发。"

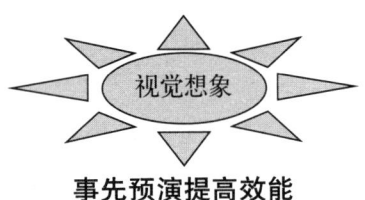

事先预演提高效能

团队围墙拦恶习

"为什么犯罪者、吸毒者容易重走老路？缺少团队的围墙。"邢教授接过话头："这是本次交流活动的一个小高潮总结，我讲一个关于团队帮助人激励人的重要思考点。前段时间，我查阅我国监狱与矫正方面的资料，发现刑满释放人员重新犯罪率在20世纪90年代为8%~13%，2000年到现在为10%~15%（保守数据）。犯罪者刑满释放回到社会不久，又走上犯罪的道路，原因主要有二。一是不能融入正常社会群体中，仍旧与过去的犯罪群体接触。二是监狱是强制性的机构，约束力强，通过限制人的自由起到矫正改造的目的，一旦没人约束督促，人的自由意志多数会选择重新回到过去的习惯当中去——犯罪。现在政府将工作重心放在社区矫正和解决刑满人员的就业问题上，让他们能够重新回归社会团体中,减少重新犯罪的比例。

"我的思考点是,个人的意志和激情始终有限,团队的价值是提供平台和机会,向个人不停输送正能量。当靠个人不能建立新的行为链时,就一定要找到组织,找到志同道合的朋友一起来建立新的神经反射回路。"

遭遇团队抱怨

美英说:"在实际的管理过程,团队不同的发展阶段所用的激励方式也不同。我在倾听员工的抱怨中发现一些激励规律,与从马斯洛《人性能达到的境界》中获得的启示相符。一般低级怨言主要内容是薪酬、工作环境等,与生理和安全需求相对应。高级怨言则是团队气氛比较闷,发展机会少,希望有个师傅来辅导自己,公司关系复杂等内容,它是人际交往、尊重需求没得到满足的行为表现。超级怨言则更多是没满足自我实现的需求,比如公司需要人性化管理给大家更多的自主发展空间,提高分配公平性,创造没有办公室政治的团队文化等。"

悦亮接过来说:"团队中有怨言很正常,把怨言分级,并找出原因,以前确实没考虑过。"

美英说道:"嗯,我以前也没考虑过。很多管理者在激励团队时,没有考虑到公司的发展阶段,或者团队的发展阶段。比如,企业在发展初期,更多的精力是放在处理低级的抱怨上，包括员工的收入、工作稳定性，然后才是发展、成长，再是愿景，主次要分明。若初期阶段没能满足员工的基本保障，他就没心思安稳工作，所以日常管理工作的重点还是要放在处理好员工的低级怨言上，精神激励的方法照用，但以物质激励为主。企业成熟后，则要反过来，应该更关注员工长久发展、人性化、提供多种发展空间。我们公司比较好管理，与我们提供的薪酬、福利、工作环境、职业发展有直接关系，这四大块基本满足了员工的生理、安全、人际关系三方面的需求。"

处理怨言因人而异

悦亮说："大公司的资源多，员工有怨言，满足的方式多。如果是在小企业中呢？"

美英说："悦亮问得好快，我正想说中小企业该如何应对。一般的小企业没有能力投入这么多的资金、人力、物力到激励上，所以很多小微公司的管理问题是先天性缺少基本保障。比如，某企业的薪酬、福利、办公环境在当地一般，现在有张三和李四两位员工。张三是家境较好的本地人，有车有房，他加入公司，原因是离家近、压力不大、符合他的兴趣点、专业对口等，那么对他采用的管理和激励方式以职业发展、个人成长空间、人际关系为主。李四家境一般，想在毕业十年后在工作城市买房买车，他会看重薪酬、奖金、能力成长,当公司不能提供更高的薪酬时,他会选择跳槽另谋高就。张三的高级抱怨会多,李四的低级抱怨会多,这都符合他们的需求方向,作为领导者要尊重他们的需求。只要张三和李四在公司里一天,就得尊重他们一天,不要担心员工哪天离职而不愿意培养他们,与其担心员工离职,还不如花精力做业绩,业绩好了,员工收入和能力能增长,解决问题的途径自然就多。未来,培训新人、员工将是管理者常态化的工作,是必须要做的。企业愿意培养员工其实就是在激励员工安心工作。"

员工传帮带

悦亮说:"原来根子在这里,管理需要尊重员工的需求,尊重人性。虽然以前没正规学过管理,但我们现在用的方法与你说的差不多,针对性培养能激发员工主动工作的热情。互联网行业在国内快速发展,这群刚毕业的孩子,比起他们的父母辈们,成长条件好,教育水平、生活条件优越很多,他们加入公司,多数以兴趣、专业对口、发展空间为主要动机。我们公司的几位新人,是公司去年校招进来的,他们各有特点,哲文和泓瑞是女孩,心细、做事条理性好、主动性强、动作快,修恺稳重、学习能力强,文正专注高效,正涵有想法、勤奋。当然他们也有需要改善的地方,比如眼高手低。针对他们的特点,我亲自带了他们几个月,带人的方法很简单,做示范两次,再手把手教两次,站在旁边看他做两次,接着让他独立做两次,最后是放手让他做,中间多鼓励认可他的进步,就这么来回多次,慢慢地,他对自己产生信心,就能逐步独立工作。他们学会后,再用示范辅导的方法教比他们晚来的新人。辅导过程中的次数视工作的难易度来定,简单点的次数就少,过程可省一两步,复杂点的要求高的工作,则要重复次数多,要严格。"

美英微笑着说:"嗯,你的方法简单实用。有一句老话'扶君上马再送一程',好事做到底,就是这个道理。团队激励的观点,还有很多,下面轮到二位沉默大师发言。"

美英说完后,微笑看着我和外光,搞得我俩有点不好意思。我笑了笑说:"美英和悦亮说得非常好,后说的有压力,要不,我先说,外光让着点我,越到后面挑战越大。"

快速辅导步骤

插播自我激励

外光微笑着说:"小胜真客气,可以。"

我说:"刚才美英和悦亮重点说了团队激励,我想还是说说自我激励,打铁还需自身硬,正巧前段时间我一个发小从深圳来北京出差,与他见面聊到自我激励的话题,我就分享当时的谈话内容。"

邢教授说:"非常好,激励一定得从自己开始。一名优秀的领导者,不只是激励他人,更需要把自己激活。"

于是我就把与春来聊天内容的概要分享给了大家,与美英聊团队激励一样,悦亮仍然是陪聊主力军,他的关注面非常广,年轻就是有活力。我把我要讲的内容分为四段,便于大家讨论和记忆。

自我激励步骤

第九章　长效激励

通过自我激励、团队激励，我们了解到，自己强，团队强，文化强，企业就能基业长青。而长效激励的奥秘在于，它能随时随地向每一个人、每一个团队注入激励素材。

● 企业基业长青的秘密

企业发展靠大家的使命，增强认同感，有助于形成目标共识。

共同呵护生息之地

外光是从长效激励开始与大家分享心得的，他说："关于长效激励，我想从企业文化和激励机制两方面谈。这两部分也是我们投资项目时主要考虑的几个要点之一。大家听我谈长效激励时别局限于我说的方法和视角，毕竟大家都是激励的行家。我讲时，面比较宽，偏企业运营方向，可能不会太细。先说企业文化，企业文化的雏形是企业创始人的使命观、价值观、愿景和经营理念。当企业发展到一定规模后,企业文化不再是创始人的个人文化,它会随着团队人数的增加,逐步吸收更多人的价值观,进而演变成多数人的企业文化。这时的企业,不仅是大家共同工作的场所,还是大家赖以为生、实现梦想的舞台。企业文化传递着企业属于大家,企业发展靠大家的精神。"

邢教授说:"嗯,外光从整体看企业的长效激励是非常好的视角。确实,企业的责任是让每一名员工生活好,工作好,实现自我。这与国家的责任是让每一位国民都过上好生活,有好工作,实现梦想是一样的。国家领导人的职责是让人民都能安居乐业,过上好日子,企业家的职责是让所有员工都能多赚钱,工作愉快。"

外光说:"绝大多数高层管理者的工作时间要比基层员工长,这并不是因为他们薪酬高,或者公司是他们自己的,而是因为他们中大多数人是为企业的使命目标而努力工作,他们需要起到带头示范作用。"

悦亮说:"是的,企业运营层面的事情,我想得较少,我想的都是产品开发、应用场景、用户体验、推广应用方法、技术实现前后端之间的问题,最多加上团队管理激励。"

美英接着说:"是的,我的关注点在人力资源管理领域,企业的长远发展,仍然要看企业文化。"

企业文化大水库

外光说:"嗯,过去认为企业文化是公司高层或者经营者的个人价值观,其实企业文化是同一类型人的价值观。企业文化和员工是相互影响的,好比企业文化是个大水库,需要全体员工把发生在自己身上的故事,汇总注入水库里,水库充满后,才有溢出,没有注入,就没有溢出。向企业文化水库中注入积极向上、热情洋溢的工作行为,溢出的是积极主动工作的价值观,它能感染他人,也能反过来感染自己。类比一下,观众效应是人激活人,只有演员没有观众,演员表演不下去;只有领导,没有群众,领导力也无从发挥。好的企业文化,实质是大家用激情去相互感染,实现企业和个人的愿景。"

邢教授说:"嗯,比喻形象。日本'经营四圣'之一的稻盛和夫曾带出两家世界500强企业,他的经营方法值得学习效仿。他把企业文化看作企业经营之本,在这个理念下,他提出的统一思想,上下一心,不停变革,关心每一位员工,亲力亲为,带头走在前面等一系列思路,始终让企业保持活力。稻盛和夫提出六项精进经营理念的核心是领导者要全力以赴经营公司,让所有员工有个共同的企业之家。一个好的企业家,是一个非常好的社会心理学家,懂得如何运用群体心理动机来激励大家达成使命。

"还有,每一家公司的企业文化都有自身的特点,是不同经营管理价值观的体现，企业文化的共通之处是能用自己独特的方式影响和激励员工。比如阿里巴巴有花名制文化，员工在企业内部都有一个花名，马云的花名是'风清扬'。我认为，按自己的喜好取一个你想成为或者喜欢的人或物为花名，这个人或物的精神内涵将潜移默化影响你的思想和行为，它能解开束缚思想行为的条条框框，让你成为理想中的你，有激励作用。"

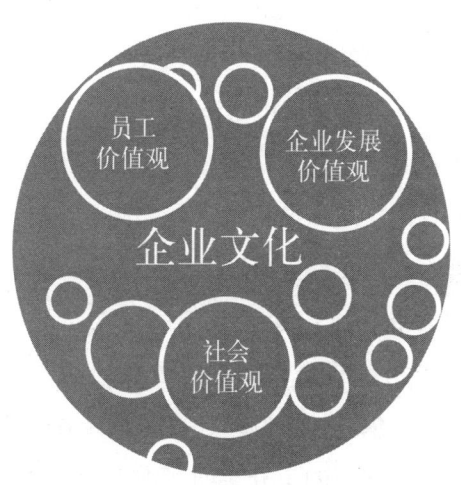

企业文化库

国企职业发展的激励优势

外光说："做中国的巴菲特是我的职业理想，虽然遥不可及，但我从未放弃追赶。我大学毕业后，就来到现在这家央企,工作有二十多年,其间有猎头挖我去美国顶级投行,我有调走和换工作的念头,但最终都没走成,主要原因是喜欢这个岗位和企业的文化氛围,这几年又正赶上国家鼓励企业走出去的大好政策环境。去国外收并购国内稀缺产业、技术,我们央企带头响应一带一路基础设施投资、产能转移的任务,肩负国家的信任,是光荣和责任。我的工作岗位历练机会多,我觉得相比民企和外企,在国企工作的人悟性和情商会高一些。这与三种类型的企业文化有关,国企人员结构相对稳定,大家可能共事一辈子,有利益冲突时,会选择柔和处理。"

美英笑着说:"嗯,在国企工作的人情商高,复合型人才也多于我们。这主要得益于他们职业上升空间大,通道多,轮岗学习的机会多。"

外光微笑点头,接着说:"民企人员流动性高,所谓'此处不留爷,自有留爷处,处处不留爷,爷爷去创业'。外企则提倡直接、简单、高效的工作方式。在职业发展空间方面,国企的上升空间和内部轮岗调动比外企、民企要多。在外企,中国本土员工很难上升到高层岗位,上升空间有明显的天花板。民企比外企略好,但上升空间确实不如国企。国企职业发展上升通道对人的激励非常大,优势明显,这可以理解为体制优势或体制激励。在应对市场反应灵活性方面,民企最强,其次是外企,再次是国企。我把上述几个特点说出后,国企、民企、外企的文化特点就出来了。国企有体制优势、人才优势，但轮岗普遍则不利于技术积累沉淀，在民用技术领域国企的竞争力显得弱，创新型行业几乎见不到国企成功的典型案例。外企有技术和人才优势，但要做好本土化，否则技术人才和管理人员很容易被民企挖走。民企经营灵活、奖励兑现快，但在人才、技术、经营管理方面还有待积累。概括讲，国企强，强在资源和体制优势，文化能传承。民企强，强在奖励，文化多务实。外企强，强在技术和管理，文化好先进。因此，不同企业在企业文化注入方面，可以从上述不同特点入手。"

文化积累是长期工作

美英说："外光把国企、民企、外企的特征概括得很精辟，外企的本土员工要成为高层，会遇到天花板，比如我，能看到头的升职空间是中国区HRD。现在总部也意识到职业天花板问题，员工派到总部工作的机会比过去多，优秀骨干可以直调到美国总部。本土员工要升上去，并能一直做下去，需要个人有很强的跨文化融合能力。文化融合能力并非中国人优势，在美国高科技公司里，印度裔高层管理人员要比华裔的多。本土员工外派美国总部工作，年轻人喜欢去，成家的不太愿意去，家属随行是问题。有时，制度表面看似公平，实际上仍有限制。"

外光说:"是的,很多制度看似很好,但细想,缺少实施保障措施。企业文化的积累,是一项长期工作。要找出发生在企业里的好人好事好建议与企业价值观相联系的线索,然后形成宣传内容,感染企业中的每一个人,甚至包括客户。上个月,我去山东某地考察一家三版上市公司,他们的企业文化宣传长廊做得很好。该公司办公区走廊的墙上,贴有很多他们内部组织的文艺活动、竞赛活动、社会义工、公益性活动的图文宣传;员工的办公桌面整洁有个性。生产型企业原本以5S管理风格为主,但他们的办公区感觉就像互联网公司,效果极好。当然他们的生产区,是依照5S、ISO9000管理要求做的,在生产车间的两头,各留出一个房间,简单装饰成茶歇室,风格与咖啡店相似,里面摆有行业专业杂志书刊、时尚杂志。当时我就觉得这家公司的经营者是在用心做企业,无论在生产车间还是办公室里,从他们员工的精神面貌、表情、行为都能看到热情工作的影子。回来后,我们当即就制订了对这家企业投资8000万,占15%股权的投资方案。"

一代人有一代人的资源

悦亮这时说:"我懂了,企业文化能落到实处,能体现在员工行为上,才是有影响力的企业文化。我过去一直认为企业文化有点虚,现在感受到了企业文化的力量。"

外光说:"是的,我们看企业,要了解得很细,时间和精力都不允许,所以必须形成自己的判断选择标准。下面谈谈公司的激励机制是如何影响我们是否投资一家公司的。我讲几个案例,大家可以顺着思路梳理经营管理中的激励方法。"

悦亮有点不好意思地说:"陈大哥,我只是一个产品总监,能全面理解运营企业吗?我有时感觉,要到高管层,还有很长一段路。"

外光笑着说:"凭你的领悟能力,肯定能理解,但要升至高管,确实还需要历练几年。一代人有一代人的资源,现在可能是我们这一代人占用主要的社会资源和公司资源,但下一个十年呢?现在是你们预演的好机会,你可以先顺着我的逻辑角度去看去想去试着做,等你们逐渐成熟了,有决策权后,就可以在吸收我们成功经验的基础上少走弯路,按自己的思路做事,取得超过我们的成绩。"

美英接着说:"我认同外光的观点,商界超人李嘉诚宣布正式退休,台积电创始者张忠谋也退休了,任正非、董明珠、张瑞敏、刘永好等一批企业家也都会彻底退下,取而代之的将是新一批企业家,在他们后面,有更多的年轻一代领导者正在成长。"

我们讨论得非常投入,此时,左侧稍远座位上的两女一男三个年轻人端着咖啡朝我们这边走过来,坐在邻座上。邢教授看他们落座后说:"是不是吵到你们聊天?"

一个穿着朴素整洁的小伙子很礼貌地说："没有,我们对你们的话题很感兴趣,离得远,听不太清楚,所以挪到你们这边坐,想听你们的讨论,会不会介意?"邢教授笑着说："不会,欢迎你们来听,谁都需要听众,演讲家的激情来自听众。如果你们愿意加入讨论分享,就更好。"年轻人高兴地答应了,他们可能是学生。大家向他们三人打招呼,表示友好。

一代接一代
历史的发展由无数代人推动

● 激励之源在制度

激励之源是让自己自然而然行动起来的东西,我们说制度是激励之源,更多是从人的社会属性角度出发。社会规则能规范人的行为,也能限制人的思维,所以要找到好方法,就必须突破思维局限。

激励机制看两头

久坐有点累，于是外光提议，可以活动活动，保持一个姿势太久，容易疲劳。悦亮随即站起来，单脚站着，另一只脚踏在椅子下面的横条上，手扶靠背处，样子很潇洒。我和邢教授、美英坐姿放松许多，这样身体舒服。

外光说："我们在判断是否投资一家公司时，有个特点是看他们的激励机制。企业经营要抓好两头——资源的获得和资源的分配，资源的获得主要是从人才、产品、市场三个方向，资源分配则是薪酬、奖金、企业净利润三大块。如果这六方面做得很好，公司能够基业长青。"

邢教授说："嗯，资源获得与资源分配，可以派生出许多激励制度。比如人才吸引激励制度、产品研发创新激励机制、市场销售奖励机制、薪酬激励制度、奖金激励制度、股权激励制度等。这么多激励方式，都得依靠企业的收入和盈利来支撑，因此企业必须创造更多的利润。企业把产品和服务销售出去，获得营业收入，减去生产资料成本、员工薪酬、税费、得到利润是第一次分配；再减去企业所得税、企业投资人的股东收益是第二次分配；把净利润作为奖励资金是第三次分配，如果不分，可把资金投入再产生。另一种是在第一次收入分配后就分配奖励，即在股东分红前面分配出去。第一次分配的额度可参考同行业、同岗位标准。第二次分配则没有强制性的要求，高低与各企业赢利空间和经营理念有关。"

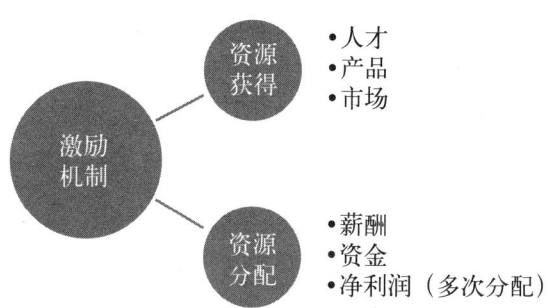

激励机制两方向

外光说："邢老师您把资源分配描述得真详细。企业的利润需要靠大家获取，把多数利润分到员工手里或投入到再生产当中，这才是现代企业经营的要领。企业经营者和投资人为一个人，可以获得两份收入，一份是经营企业的薪酬劳动收入，一份是投资收益。多数员工只能获得一份劳动收入。随着企业竞争的加剧，企业为了吸引和留住人才，除提高员工收入，还得拿出一部分利润作为奖励（各种福利、奖金奖励、保险保障）分配。一般企业内部获得奖励的顺序是，精英层、高管层、管理层、骨干，然后才是普通员工，分配标准是依据个人对企业的贡献大小。高管股权激励制度，是让高管合理合规获得两次分配权，即一次是薪酬和奖金，一次是股东收益。有些企业实行员工持股计划，所有员工和中高管一样，有机会获得两次收益分配。"

回归产品价值创新

美英说:"嗯,目前国内很多互联网公司、科技公司、创业型公司都实行员工持股计划。"

外光回应道:"是的。近来国企改革的重点之一就有股权激励的内容。如果企业利润空间有限,把钱全部分了,投入研发的资金就少了。按人头平均分,分到每人手中的金额自然也少。所以分配是门艺术,难度系数大。如何让股东、管理者、员工都获取更多收益呢?我发现效益好的企业是向市场要这部分利润。向市场要,向顾客要,向上帝要,胆子真大。"说到此处,外光的声音有点大,还做出个手势,伸出右手张开五指后握成拳头,样子有点搞笑。

外光没理会大家,接着说:"大家肯定好奇,顾客就是上帝,这是最早从服务行业喊出的口号。为什么说把利润空间放在上帝身上呢?客户是我们的衣食父母,向上帝要利润的前提是为上帝提供更有价值的产品和服务。"

邢教授乐着说:"外光有演讲家的潜质,能紧扣大家的关注点。企业的经营者、投资人把目光聚焦在客户身上,帮客户创造更大的价值,他们才愿意付钱购买企业的产品和服务,企业获得的利润自然就多。"

外光说:"我们选择投资对象时,除看投资对象的企业文化外，还要从企业的资源获得和资源分配两个角度来分析，也要分析围绕这两个方面制订的激励制度。企业激励员工的目的是为客户创造更有价值的产品和服务，从而获取利润。"

邢教授说："是的，经你描述，思路清晰。想获得更多的奖励，赢得全体员工的尊重，就要看领导者能不能找到为客户创造最大价值的方法。最管用的方法是'激励大家一起创造产品和服务价值'，这才是管理的发力点。"

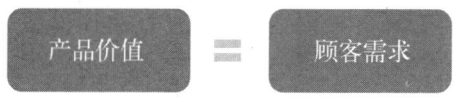

顾客需求就是产品价值

速判公司实力

外光说："嗯，从形式上有人才激励、产品和服务创新激励、市场营销激励、薪酬晋升激励、股权激励等制度，这些都从企业的分配方式中转变而来。我们分析一家公司是否值得投资、并购、购买时，会考虑几个关键问题，第一是优势在哪里？第二是成长性如何？第三是企业受员工、客户尊重吗？这三个问题，能派生出一系列指标，包括产品创新能力、人才吸引能力、核心资产、市场竞争力、企业文化、管理水平、品牌影响力、客户口碑等。

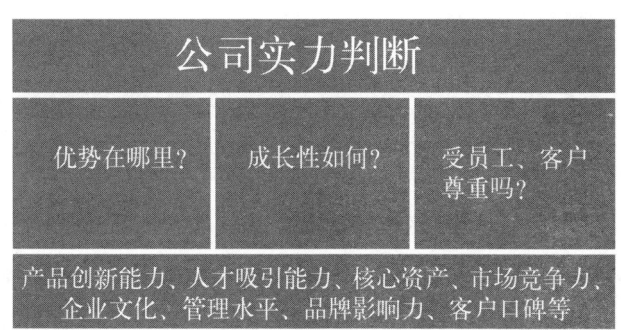

公司实力判断要素

美英说:"上述指标是考察一家公司实力强弱的标准。大中型企业的并购、重组、买卖,多半是由于企业亏损、盈利低,前景不明朗,竞争激烈。当然也有市场前景很看好的中小公司,想快速发展,公司财力有限,寻找外部资金,或者购买方出非常可观的高价。IBM把PC卖给联想,是因为IBM认为PC机的利润空间有限,联想则是想得到品牌和全球市场。沃尔沃卖给吉利,是因为缺少资金,产品销售下滑,企业负债经营,吉利则是想得到沃尔沃的技术和品牌。阿里巴巴接受软银投资,是想快速占有市场,缺钱时不引入外来资本,容易被竞争对手抢走市场份额。这些案例中,企业多少都有经营难题,你是如何从中找到有投资价值的公司呢?"

取长补短

外光说:"想卖掉的公司都存在经营难点,我们决定是否投资或收购,首先是基于我们公司现有优势产业、发展方向、管理条件,然后从被投资企业的现有优势、可能的潜力、管理水平考察,如果1+1>2,就决定投入资金。有的企业产品、市场、管理水平都好,想引入资本快速占领市场,我们投;有的公司有品牌、有技术,但市场销售不行,管理水平不高,我们投;有的业务不怎么赚钱,但能完善我们的产业链,提升集团整体效能,我们也投。我们的投资,不单是资金的投入,还有技术、人力等,缺什么补什么。这都需要公司有雄厚的资源整合能力。在海外收购业务中,还得考虑所在国的政治风险、跨国管理能力、本土化管理能力。"

美英点了点头,没接话。

外光看美英没响应,接着说:"概括讲,寻找价值点的思路是'取长补短'四个字,首先是找到我们的长项,然后再找投资对象企业的长项,再进行取长补短的配对。除了要梳理清楚前面提到的"优势在哪里?""成长性如何?""受员工、客户尊重吗?"三大问题,还要再考虑,本地/本土化能力、跨国管理水平等。最后才是价钱是否合理。"

悦亮说:"嗯,从投资企业角度,是很好,那如何与激励联系起来呢？"

效率管理强就抢手

外光说："嗯，从长效激励角度，最终得回到人和制度层面。资金投下去，能不能取得预期回报率，是考核我们业绩的重要指标。每次考察一家公司，先理清前面讲的三大问题，然后看企业的财务报表，再了解企业如何从产品、人才、技术、市场、管理五个要素进行相关激励，之后才进入商务洽谈的流程。如果企业激励制度实施不理想，则要看三大优势的吸引力是否够强，够强则会进入商务洽谈流程。激励制度有没有执行，可通过企业的宣传、表彰资料确认或请第三方专业公司调查证明。为什么我们看重这点呢？理由非常简单，这能反映一家企业的人性化管理、市场竞争意识和创新精神。我想，接下来你们可能要问'既然它们都有激励制度，也实施了，怎么还难逃被收购、被转买的命运呢？'这是由于双方对未来市场的预期观点不同，业务发展方向的判断不同，才会发生买卖。我们投资的价值点是这家公司的产品、技术、市场、人才潜力。当然，管理水平好，企业也可能亏损，这可能与市场需求发生变化有关。比如，三星手机业务退出中国市场，西门子退出中国家电市场，松下关闭中国电视工厂，摩托罗拉卖掉手机业务，均是调整市场战略，与它们的管理水平并无太大关系。"

这时美英点头说:"嗯,这么说还行得通。看来企业的管理水平强,对找个好婆家有优势。前面讲过,有500强企业工作经验的人,中小企业都抢着要,他们工作效率高,管理水平高。不过现在跨国公司并购、业务重组是经常的事。通常好的团队,即使公司或业务模块被买来卖去,团队仍很稳定。从这个角度,我能理解外光投资的判断逻辑。"

外光笑笑说:"嗯,当然,不同国家投资选择的重点不同。比如,欧美国家的企业薪酬福利、激励机制很完善,这也把企业成本拉高,投资回报率低。我们选择的重点主要是市场、技术、产品要优于我们,这可抵消用工成本高的问题。在东欧、拉美、东南亚是考虑当地人力资源、市场、产品、资源、本土化管理难易度。在非洲、中东主要是考虑政治稳定性、人力资源、本土化管理,市场、产品、技术则排在后面。在拉美、东南亚、南亚、东欧等国,我们输出管理和技术。在中东、非洲我们输出技术、产品和管理。"

企业激励制度思路

悦亮说:"针对国内的企业你觉得如何设置合理的激励制度呢?"

外光说:"我简要讲需要考虑的重点。传统行业小微企业人数少，利润率低，技术和资金门槛低，赚的是工夫钱，激励应以人性化为主，如工作自由度高些，规矩适度，家庭式管理把员工当亲友，眼光长远些，等自己老了，可以把公司的经营权转给年轻员工，或等员工能力成熟后，以入股形式参与分红。科技创新类小微企业人数少、利润高、有技术门槛无资金门槛，是赚个人能力的钱，合伙制、入股制都行，要人性化、家庭式管理。中小企业人数多、行业平均利润中等，有一定的技术和资金门槛，出台适用性强的激励制度可围绕产品、技术、市场、人才，中高管理层制订激励制度，强调制度的适用性，薪酬福利保障高低视企业盈利能力和发展目标决定，可以引入股权激励，股权激励的重点是精英层骨干层，员工层激励以奖金福利为主，管理制度化、人性化（与小微企业的人性化管理有区别，以员工发展、团队作为主，不能松散式管理），逐步建立完善的企业文化。"

美英说："嗯，如果企业规模再大点，激励制度需要怎么调整？"

外光说："大中型企业人数众多，市场占有率高，技术和资金都要求高，利润率高，激励制度可围绕产品、技术、市场、人才、管理五大块制订，中高管、精英适用股权激励，员工以薪酬福利奖金激励为主，可考虑员工持股激励，强调企业文化的重要性。具体的操作细节和方法，还需要专门的人去设计。企业有规模后就得开始制订激励机制。今天的目标是让大家有长效激励的意识和重点方向，等公司发展到一定阶段后，就要花时间去做激励制度和实施的工作，不然公司持续发展会遇到阻力。"

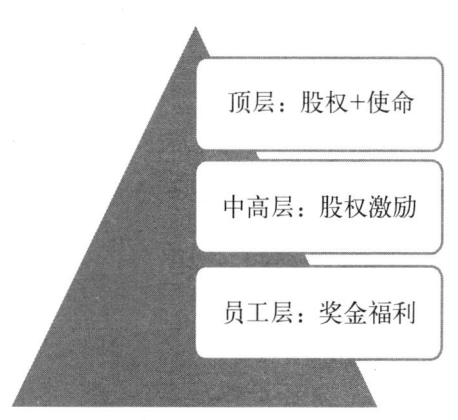

企业激励制度

激励制度五方向

邢教授接过话题说："外光说得很对。企业的长效激励，主体是企业文化，载体是围绕产品、人才、市场、技术、管理五块的激励制度，无论是奖金、晋升、轮岗、持股、分房买车、健康关怀、培训、表彰、休闲娱乐、运动旅游等任何形式，全是围绕这五大块展开。有人说这是胡萝卜加大棒的绩效管理方法，这都不重要，关键是使人有活力和激情地工作和生活。只要把人搞活，什么事情都可能做成。"

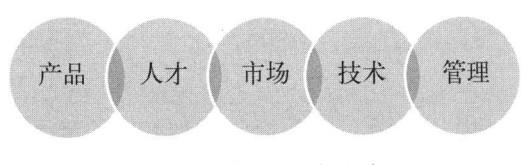

激励制度的五个方向

悦亮说:"邢老师,激励会不会把人的胃口越搞越大?把大家给宠坏了?会哭的孩子才有奶吃。正如前面所讲,企业的利润空间是有限的,员工的预期一年比一年高,面对诸多类似因素该如何处理?"

邢教授说:"人的期望值一年比一年高,与人体的感官神经逐渐适应当前奖励的因素有关。大脑奖赏中心分泌的多巴胺神经递质,有适应性特点,随着年龄增大,机体衰退,多巴胺的分泌会减少,对内外界的刺激反应敏感度会降低。用一块巧克力做激励奖品,小孩子的兴奋度比成年人高,成年人又比老年人高,这都是事实。针对人的神经适应性特点,我们可以创造出新鲜感、意外惊喜的体验,这能促进大脑奖赏中心的活力度,促进多巴胺神经递质的分泌,使人富有激情。不过,人体机能衰竭,是必然现象,是自然规律,假使某一天,你对什么都不感兴趣,就证明你已经老了。害怕吗?"

悦亮笑笑说:"嗯,真心害怕。面对人的适应性,还有哪些更好的激励措施吗?"

玩转激励球

邢教授说:"嗯,每个行业的利润空间都是既定的,在有限的利润空间里,合理地使用资源,保持产品、人才、市场、技术、资金方向的长效激励机制,是要花时间和精力的,世界上没有一劳永逸的事情。人的需求在不断变化,所以长效激励的形式也要变化。当我们懂得长效激励的特点后,就可以灵活组合激励方法,比如技术比武、创新大赛、新人成长评比、营销明星、敬业爱岗奖、公司年度表彰、部门季度表彰、团队月度表彰、办公室环境评比、工位整洁评比、精气神评比等,为节省评比的统计时间,可以用管理软件或OA系统来统计。各类活动的组织可由各部门或人力资源负责。关于奖励的多少,则看企业的盈利能力,过多企业负担过大,组织成本高,过少大家的热情不高。获得奖励的过程是激励的核心内容,激励的目的是调动大家主动参与工作和生活,只要把人的能动性调动起来,带活团队,激励的目标就达成了。有一点,激励肯定不是贿赂员工,而是找一个大家都感兴趣的事由,让大家一起参与。就像我们踢足球、打篮球、玩乒乓球一样,激励只是一个球,而我们大家还玩得津津有味,拼尽全力去抢球、拿球、打球。"

悦亮这时眼睛放光,笑着说:"邢老师,您最后的比喻真到位,非常形象地把激励的核心点说清楚了。企业激励就是调动大家主动参与到工作和生活中。激励肯定不是贿赂员工,而是找一个大家都感兴趣的事由,让大家一起参与。就像我们踢足球、打篮球、玩乒乓球一样,激励只是一个球,而我们大家还玩得津津有味,拼尽全力去抢球、拿球、断球。讲得非常形象。"

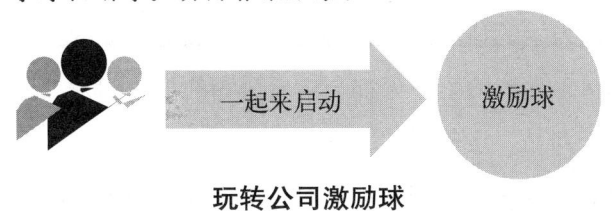

玩转公司激励球

打造公司文化长廊

邢教授说:"大家在一起交流,把激励的范围扩大,也属于激励的应用,大家相互启发、各述观点,我的很多灵感都来源于大家的启发。"

外光微笑着说:"是的。我们从投资角度看企业长效激励,有些例子和比喻可能会有点不恰当,只作参考用,真正要去做,还需结合实际情况来推动,并不是每一个激励的方法大家都要去用,而是取决于你觉得你想采用哪种。这与个人和企业的价值观有关,只要适合,只采用一种也可以。长效激励的方法,概括起来,由企业文化和激励制度两块构成。企业文化是全体员工的外在行为和内在思想的总和。相对于民企、外企,我所在的国企有人才、技术、资金、薪酬福利等优势，但我认为能茁壮成长为世界500强企业，最大的优势是我们数代人共同积累的经营价值理念。在民国时期，就有先辈们为国家兴旺而努力奋斗的身影，抗战时期企业家冒着生命危险把工厂从南京迁到重庆，中华人民共和国成立后又经过几代人共同努力，逐步形成公司的核心价值观。无论职位高低，空降、社招、校招员工入职的第一天都会观看公司的成长图片、影视资料、陈列品，这些图片、物品、影视资料后面都有感动人心的奋斗故事，这些新员工或多或少都能从中汲取让他们勇于奋斗的正能量，而且未来，他们努力奋斗的精彩故事，将谱写进去。"

美英说："人的态度是内化于心，习惯是外化于行。公司的企业文化是全体员工的态度和行为的总和。央企就是厉害，能办好自己的企业展示。员工观看图片展、实务展时，能体验到过去的成长路径，穿越时光，重新认识前辈们的丰功伟绩。"

外光说："纠正一个观念，这不全是由于央企国企的财力因素，还有我们对企业成长见证史、企业文化的重视因素。中小企业、小微企业也可以做，手机随手拍，收集感人的互助图片，挑选出有意义的图片，挂在前台、大厅、走廊、会议室的墙面上，员工随时随刻能够受到启示。"

悦亮说："嗯，我们公司是经常把员工参加各种活动的照片贴到墙上展示，如果公司从现在开始积攒成长图片，五六年后再看到这些图片，肯定会产生联想，一个相框一张相片就是一个激动人心的故事。"

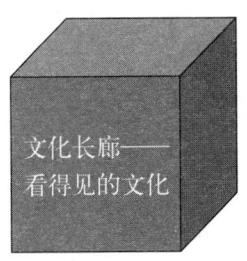

文化长廊的激励功能

向政府学激励

外光微笑着说："是的。长效激励的思考点还有许多，有时我认为企业管理要与政府治理国家一样，政府的各种职能部门包括教育、卫生、科技、司法、军队、交通、外交、文化、宣传等，企业中部门的设置包括培训部、保健部、研发部、安保处、市场部、企业文化部等，两者有相通之处，教育部对培训职能、科技部对研发部。企业可以视自身情况参照学习，比如看看国家如何激励科技人员，企业就如何激励研发部的技术人员，国家有个'国家最高科学技术奖'，企业可以设置一个'某某企业最高技术奖'，由公司总经理或家属共同颁发，奖金额度使人动心。在理念上，执政为民的理念非常重要，企业经营者的经营理念若是秉持'办企业为员工'，让员工多赚钱、高成长,相信一定能让企业基业长青。

股权激励成标配

邢教授说:"我的观点仍是围绕资源的获得和资源的分配思路出发,这可以找到很多激励方法。前面说的企业资源的获得可从'产品、人才、市场、技术、资金'五个方面入手,资源的分配可从薪酬福利、保障、股权、分红等利润多次分配思路解决。分钱是一门学问,既要保证每个人都有希望拿到大奖,又要确保每人都有份,而且钱有限。我在《思想者:查尔斯·汉迪自传》一书中,看到作者提出一条思路,就是财富共享,企业财富最终会回归到全体员工手中。财富共享的思路,目前多数以股权激励、员工持股计划的形式体现,这可以使员工和公司成为利益与命运共同体,还能不断地吸引有责任心有才能的人加入公司的核心领导层。可以讲,各种形式的股权激励将是未来企业主要激励方式之一,它为企业持续发展提供人才保障。基业长青的企业,需要把有限的财和权高效使用,用它调动大家的积极性,创造更多有价值的产品和服务,最终获得更多财和权。"

外光说:"嗯,股权激励将成为企业的标配制度。激励大家创造更多财富,然后每人都可以多分享到企业财富。对中小企业,股权激励能把人和企业捆绑在一起。中小企业的制度不如大企业规范,工作效率不如大企业高,选择适合大家的股权激励模式,能驱动团队工作效率,而且股权激励可以让管理简单化,降低大家的管理沟通成本,让每个人都知道,我是在为自己工作。"

圆企业员工安居乐业梦

外光又接着说:"有一个案例,我们投资北京的一家中等规模的公司,他们是传统行业,企业的利润率略高于同行。他们为了让基层员工能安居乐业,采用的方法是,企业在发展初期,把办公地点设在市区,作用是吸引优秀人才和业务拓展方便,当公司发展上规模,在业内形成品牌效应后,为解决员工们希望拥有住房的需求,把公司迁到了河北固安,员工在固安是能够买得起房子的。买不起的员工,可向公司申请内部购房贷款基金。这一搬,解决了大部分员工安居乐业的问题。企业发展到一定规模后,有品牌,地方偏远点,也能吸引人才。"

邢教授说:"嗯,不仅是中小企业,华为前两年陆续将深圳的业务搬迁到东莞松湖的基地,京东总部办公地点从北京北四环边搬迁到亦庄经济开发区,接近六环,这都是降低经营成本,提高员工薪酬和福利的动作。京东已经与人大附中达成联合在亦庄经济开发区的建校协议,解决京东员工小孩上学问题,这是想把员工的心留在公司。未来企业的经营，都会选择调动员工的主观能动性，用心吸引人，留住人，激发人的方向发展。个人自我激励、团队激励、长效激励是由点到线、由线到面的一个过程，与孙悟空一样，拔一根猴毛，能变出n个孙悟空来。企业的经营思路也如此，员工加入后，就需要有条件和方法调动他们的创造力，激发大家朝一个目标走。"

五花八门的激励方式

大家点头赞同，正在此时，屋外走进一位带有艺术气质的中年男子，他笑着对邢教授说："非常热闹，可惜今天有事，没能听到大家思想的碰撞声。"

邢教授向我们介绍这位带着中框眼镜的男子，咖啡馆老板建平，我、外光、美英、悦亮分别与建平握手。邢教授说："建平总是能挑价值最高的时间点来，我们正准备把激励主题做一个总结，你来得真准。"

建平哈哈大笑说："我专挑干货吃，而且我的运气一直都是这么好，点踏得正准。"

邢教授说："今天的交流非常愉快，我的收获最大，在此感谢美英、外光、小胜、悦亮四人的精彩分享，当然，还有东道主建平的支持。四位是从实践的角度谈激励，以自我激励、团队激励、长效激励为主线展开交流，过程中大家按步骤进行描述，让大家好借鉴学习，这次交流在知识和应用层面都向前走了一大步。所有的梦想故事都诞生于童年，混沌初开，未来美好憧憬慢慢地写入少年心志中，为实现可能的未来画面，小小少年渐渐长大成人。于是有属于个人的奋斗故事。自我激励、团队激励、长效激励三者有一个交集——使命愿景。从个人自我激励角度，一切得从拥有身心健康起步，打铁还需自身硬，身体是革命的本钱，好身体才有好精力，精气神足，自然会提升工作效率和生活品质，也能感染他人。有健康，有梦想，有使命，得有行动，下定决心，勇敢前行，无论环境如何变化，都要使命必达。在行动的过程中，为了让自己有持续的动力，首先是奖励自己而后是他人。从团队激励角度，首要是统一团队使命愿景，重在以身作则、率先垂范、言行一致、立言立行，有了榜样，全身心投入实现团队愿景目标中去，关注认可身旁的每一个人，把精力聚焦在达成目标上，成就自我，实现团队梦想。长效激励则从企业文化和资源的获得与分配两个方面入手，企业文化是大家共同营造的，要持续地在企业经营管理活动中发掘与企业价值观一致的先进事迹和感动人心的故事，然后宣传、传承。资源的获得与分配，是所有制度制订的起点，企业激励制度从资源的获得和分配两个方向制订能调动大家主观能动性。紧扣上述内容，可以演化出千万种的激励方法，包括实物激励，现金奖励，表彰大会，年会，员工运动大会，健身中心，部门或团队的聚会和活动，各种兴趣爱好俱乐部，亲子上班日，外地员工探亲假，还有各种福利保障，其中心点都在强调凝聚人心和企业大家庭的作用，以此调动大家主动参与。形式上可以根据不同员工的需求点，采用灵活多样性的激励方法来实现。Google创始人谢尔盖·布林将"免费"作为公司文化的一部分，实施到了细致入微的地步，员工用餐、健身、按摩、洗衣、洗澡、看病都100%免费；每层楼都有一个咖啡厅，可以随时冲咖啡、吃点心；大冰箱里有各种饮料，免费随意喝。布林还允许员工带孩子和宠物来公司上班，这在美国很多公司都是不可思议的。"

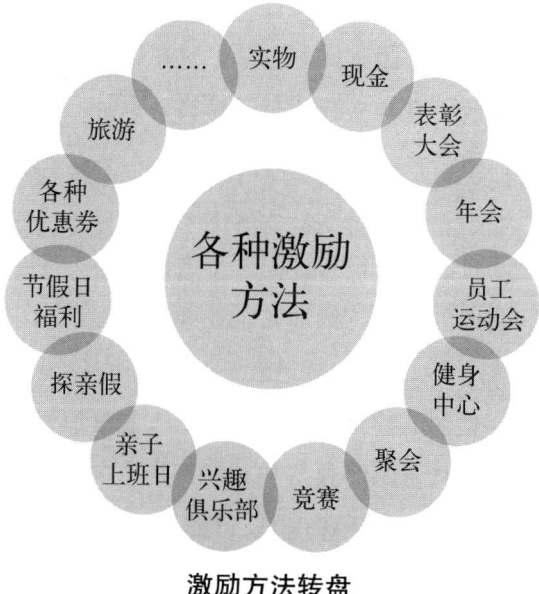

激励方法转盘

建平的小故事

建平说:"感谢邢老师的总结性分享,我谈下自己的经历与体会。我24岁出国留学,在德国、法国、丹麦度过了宝贵的青春年华。大学毕业参加工作,中年后又回国发展的人极少。在丹麦我的事业和家庭都小有成绩,现在回国,留给我奋斗的时间不多,人生感慨颇多。自我激励是实现梦想的起点,过程中寻找好平台能提高个人梦想成真的概率,少走许多不必要的弯路。用邢老师的话说,平台是一个有利于个人成长发展的团队或组织。还有健康的重要性,生老病死虽是不可抗拒的自然规律,但在有生之年拥有健康的身体,可以让我们精力充沛地去实现梦想。精气神能感染自己和他人,精气神足表明身心健康,做事效率高,易获得他人支持。2015年诺贝尔经济学奖颁发给美国人安格斯·迪顿,表彰他在消费、贫穷与公共福利政策等方面的研究贡献,他提出从健康、财富两个角度来看贫富分化与不平等问题,也说明健康的重要性。"

悦亮说:"嗯,我年轻,对健康的体会不多,现在明白健康的重要性。邢老师,您能再提炼下午交流的内容吗?"

邢教授端起茶杯略做思考,喝了口茶说:"激励的原力是愿景使命,基础是身心健康,动能是走出去行动,激发靠团队、归宿靠文化。精彩的内容有目标可视化、领导行动力、合理化解释、激励球等。"

开启你的激励实践之旅

建平笑着说:"小伙子真好学,现在都晚上七点半了,今天就请大家品尝本店的丹麦美食,顺便提点改进建议。"

建平邀请旁听的三人一起用餐,他们自我介绍是就读于某大学MBA商学院的学生。建平提议,大家围绕自己感兴趣的话题各自交流,轻快的北欧乡村小曲应声而起……

快乐的时光很短暂,为了再度体验快乐的瞬间,我们会本能地追逐下一个有意义的事情,寄望再次体验快乐的瞬间,这就是本能驱动力。时间不停扮演各种角色,有大喜有大悲,有天使有死神。只要我们用美好的眼光看它,时间给带来的是无限的希望之光,带上真善美之心,时光将照亮你我美好生活和工作的每一天。

大家用餐后又聊了一会儿,交换联系方式。临近夜晚十点,时间礼貌地告诉大家,要回家休息,休息好才有好身体,工作只是生活中的一部分……

激励只是人生各种情感体验的一部分……

任何事物都别夸大它的作用……

真善美激励你我一路前行……

美好人生要有健康、知识、行动……

开启激励实践之旅的方法很简单!

一起来,今天你就试着做一天理想中的你!

简单地重复跑起来,用充满激情的双脚迈向人生旅途!

出发语

"一切节省,归根到底都归结为时间的节省",节省时间的有效方法之一是,集中精力做一件事,并一次性做好。在三年多的时间里,时快时慢地信步在激励话题的旋律中,从理论思辨,到实践交流,一路前行,不知不觉已到收官之际,践行之时,静待读者明鉴。

悟是中国禅宗文化的核心词,悟到了,就能明心见性,心言行一致地坦然面对芸芸众生。对激励的开悟是何种意境呢?我猜它是,带着真善美,心言行一致地去实现美好生活的画面,在画面中,有你心中想要的那只苹果。顿悟开窍之前,需要有一个漫长构思和寻找的过程。了解掌握激励技能后,它会忠实追随你,直至找到让你茅塞顿开的那只激励金苹果。

直觉是很多成功人士在分享关键决策时用到的词,直觉是大脑综合处理所接触的各类碎片记忆信息,跳出逻辑层次的思维能力。直觉选择的结果,取决于个人判断力,判断力的高低,则与概率和底层思维有关。概率可理解为你的运气,随机性高,没法控制;底层思维可理解为你思考时间的长短,长则提高准确率,短则降低准确率。我的旁白是,运气和思考时间,都需要有足够的激情,使你精神百倍投入到筑梦旅途中。

想法转化为语言,可以传播;语言转化为文字,可以传承。从知识到意识是思想观念的转变,从意识到行为是质的飞跃,梦想由此蜕变为现实。知识上多思辨,意识上多强调,行为上多动动,事情自然有结果。

时间将带我们去哪儿？是回原有的生活轨道中？还是有所变化？豪言壮语过后，应是坚定不移，迈出行动的步伐，带着亮剑的魄力为自己奋斗。

一起来，迎接未来美好生活，让每天理想中的你，变为现实中的你。践行激励的火炬将传递给你，它将点燃起你心中的激情，向前寻找属于你的苹果激励故事，美好未来由此开始……

【参考文献】

[1] 白波. 正常人体功能[M]. 3版. 北京：人民卫生出版社，2014.

[2] 詹森. 基于脑的学习：教学与训练的新科学[M]. 梁平，译. 上海：华东师范大学出版社，2008.

[3] 王键. 生命之窗—生命科学前沿纵览：神经生物学[M]. 西安：第四军医大学出版社，2014.

[4] 多尔利，维法特. 别再羡慕谷歌 人人都可以有的创意空间[M]. 王军锋，等译. 北京：电子工业出版社，2014.

[5] 曾长生. 魔幻写实艺术大师—波特罗[M]. 台北：艺术家出版社，2014.

[6] 柏格. 人格心理学[M]. 8版. 陈会昌，译. 北京：中国轻工业出版社，2014.

[7] 傅佩荣. 傅佩荣生活哲思文选（第三卷）[M]. 台北：立绪文化事业有限公司，2015.

[8] 乐国安，管健. 社会心理学[M]. 2版. 北京：中国人民大学出版社，2013.

[9] 古斯塔夫·勒庞. 乌合之众：大众心理研究[M]. 夏小正，译. 天津：天津人民出版社，2013.

[10] 郭淑娟. 上市公司高管薪酬激励机制研究（基于中国证券市场的理论与实践）[M]. 北京：企业管理出版社，2013.

[11] 李训，杜传桥，代彬. 重庆市国有企业高管薪酬影响因素与激励效应研究[M]. 成都：西南交通大学出版社，2013.

[12] 杨以雄. 体面劳动评价与激励机制[M]. 上海：东华大学出版社，2013.

[13] 查尔斯·汉迪. 思想者：查尔斯·汉迪自传[M]. 闾佳，译. 杭州：浙江人民出版社，2012.

[14] 周雨臣. 新时期监狱理论创新与实践运作[M]. 杭州：浙江大学出版社，2014.

[15] 亚伯拉罕·马斯洛. 人性能达到的境界[M]. 曹晓慧，等译. 北京：世界图书出版公司，2014.

[16] 杰弗里·陶森. 假如格雷厄姆还活着——全球化时代价值投资新战术[M]. 王中华，杜伟华，译. 北京：人民邮电出版社，2013.

[17] 李宏光，曾焰. 松山战役纪实 日军的"玉碎战"[J]. 台湾：传记文学, 2015 (107-1).

[18] 迪顿. 2015诺贝尔经济奖—解开贫穷的枷锁[J]. 台湾：科学月刊, 2015 (522).

推荐语

　　这本书对激励的理解很全面，内容有层次感，表述细腻，可读性强，既有扎实的理论支撑，又有实践借鉴的价值，非常适合管理者和想成为管理者的读者阅读并提升激励技能。

——《成功营销》杂志社社长，北京商业管理学院院长　**杨谦**

　　有新意，有亮点，有启发。本书梳理国内外激励理论，从多维视角探讨激励个人、团队、组织之道，能理论联系实际。作者小胜以其亲身经历，细心观察、总结、提炼激励故事，令本书趣味盎然，对读者有启发。作者采用的叙述手法，很理性又很感性，文字活泼轻快，值得一提。静心品读，你将收获一份美好的阅读体验。

——中国人民大学商学院组织与人力资源课程主讲教授　**冯云霞**

　　从阿里巴巴、美团、去哪儿三家科技公司高管到旅悦集团CEO所获得的职业经验来看，有自我激励能力的人，往往都能胜任重要核心岗位，有激励他人能力的人，往往都能胜任领导管理岗位。《苹果激励》一书用轻松愉快的文字，由浅入深把激励话题聊得很透彻，作者的激励视角独特，有思考学习深度。书中有很多实用的自我激励、团队激励的技巧和方法，工作之余阅读，能学习丰富激励知识。这是一本值得收藏的激励主题书。

——去哪儿网总裁，旅悦集团CEO　**张强**

本书能够从各个角度把复杂的理念以通俗易懂的语言娓娓道来，既能让学者、专家、管理者从专业的角度得到启迪，也能让普通的阅读者得到精神滋养。愿有缘接触到此书的读者在作者的导引下，系统而又深入地认知"激励"这个话题，运用在各自的小环境，让自我更加阳光，让生活更加幸福，让工作更有效率。

——麦肯特企业顾问北京公司总经理，情境领导资深专家　**马刚**

激励是个人和企业都高度关注的话题，本书难得地系统全面从管理学、人体神经学、环境、社会心理学、制度几个角度解密激励的成因及应用。在实操方面，本书从管理者角度出发，详细讲解个人激励、团队激励、长效激励的步骤。

这是一本不可多得的管理技能培训参考图书，相信它能给管理者带来激励运用的启示和方法。

——用友软件股份有限公司副总裁，用友大学校长　**田俊国**

管理的核心是管理人，也就是要让人的效能最大化，激励无疑是其中最重要的一环。关于激励的书籍琳琅满目，而本书最大的特色是"集大成"，它汇集了诸多权威理论的精华，又通过第一人称的视角，深入浅出地将激励理论与实践融会贯通。它不仅可以帮助管理者制订符合人性的科学激励制度，同时也是每个职场人士不可或缺的自我激励教材。

——《哈佛商业评论》中文版副主编　**钮键军**

人们在快节奏时代最好的生存方式之一就是高效激励自己和他人，高频绽放优势，而不是修补短板。本书用非常轻松的对话式叙述，把激励的理论、方法与实践淋漓尽致地展现，值得阅读！

——原京东大学执行校长 **马成功**

在激励中奋进，在阅读中成长。

阅读一本优秀的书就像观看一部大片一样引人入胜，既收获愉快的阅读体验，又收获探索知识的乐趣。《苹果激励》就是这样一本书！它能让读者产生渐入佳境的阅读体验，又能让读者换一个角度思考问题和解决问题。作者在书中与大家分享了许多激励技巧，这本书告诉我们，每一个人或每一个组织都自带自我激发的能力，同时又需要内外部注入激情。激励是个人和组织成长的动力源头，伴随终生。获得激励的最简方式就是动起来，它是每一个人都拥有的主观能动性。

——《中国商界》杂志社社长 **孙崇铭**

领导力的核心是有效地影响他人，激发团队创造力。因此优秀的领导者肯定擅长激励自我和他人。本书详实地从管理学、心理学、人体神经学、环境、制度五个视角讲述激励对工作和生活的作用，理论支撑扎实。在应用方面，作者从个人、团队、组织三条主线，告诉大家怎么用好激励。作者完美地把理论落在实践的地面上，接地气，这是一本很有特色的激励工具书。

——第一领导力中心创始人、总裁、首席顾问 **沈小滨**